PAUL BARDOU

Eugène JACQUET

et ses Amis

Histoire de Quatre Fusillés de Lille

PAR UN TÉMOIN

LILLE
STÉPHANE BECOUR, LIBRAIRE
5, RUE DES FOSSES, 5

149

Eugène JACQUET

Georges MAERTENS

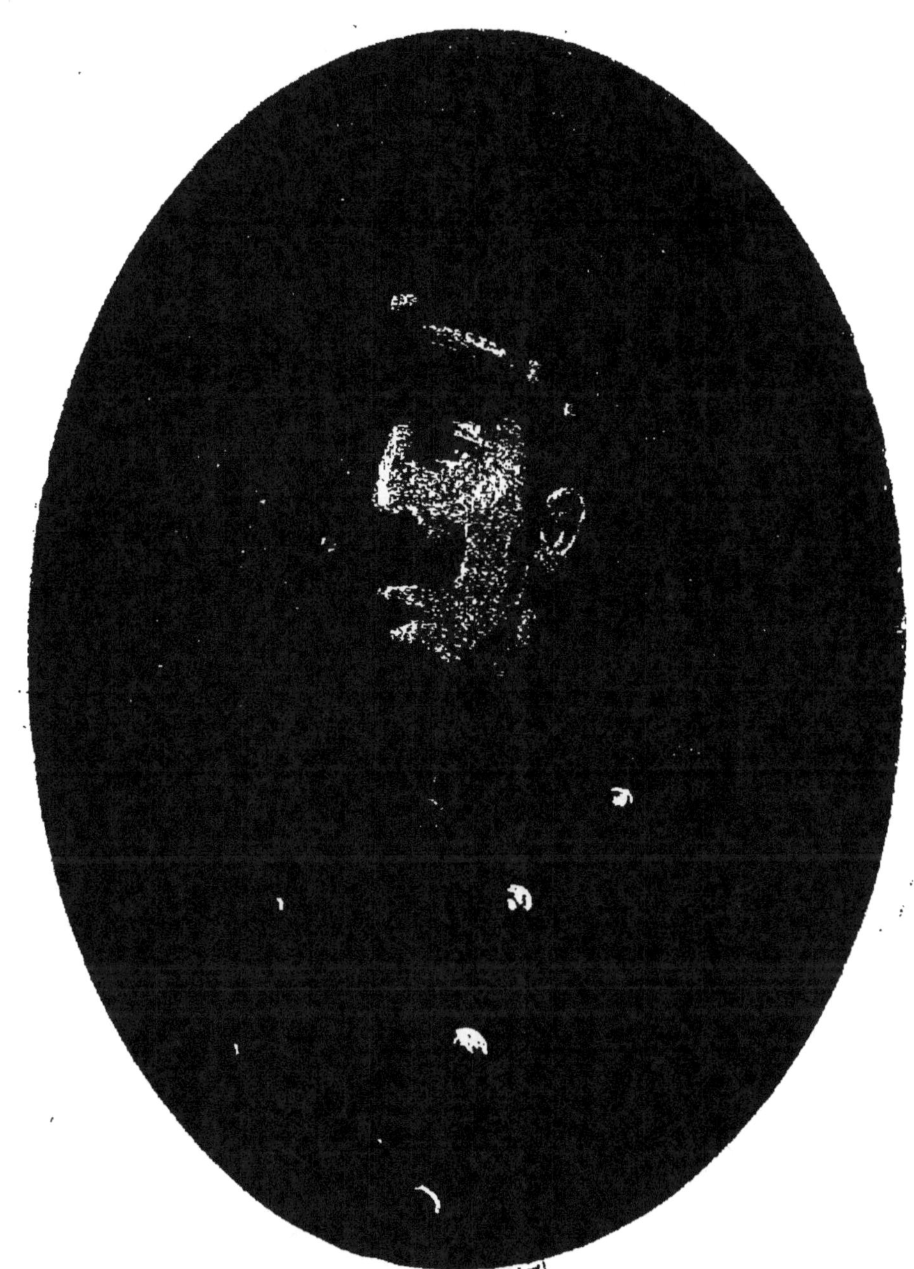

Ernest DECONINCK

Sylvère VERHULST

Paul BARDOU

Eugène JACQUET
- ET SES AMIS -

Histoire de quatre fusillés de Lille
par un témoin

Ἀψευδεῖ δὲ πρὸς ἄκμονι χάλκευε γλῶσσαν.

Forge ta langue sur l'enclume de la Vérité

PINDARE *Pithiques* I.

AVERTISSEMENT

« Forge ta langue sur l'enclume de la Vérité. »

J'ai essayé dans ce livre de présenter les faits dans leur nudité historique; j'ai rassemblé les documents les plus probants; j'ai disséqué les témoignages, souvent divergents, toujours confus, et j'espère avoir approché la vérité, dans les limites mêmes où l'esprit humain y peut parvenir.

Je ne me flatte point de n'avoir pas commis d'erreurs; il y a des détails, parfois utiles, qui n'ont pu être vérifiés absolument. Je ne me flatte point non plus d'avoir été complet ; volontairement ou non, j'ai négligé des faits, soit qu'ils ne fussent pas bien établis, soit qu'ils m'aient paru sans valeur.

Ce que j'ai désiré avant tout, c'est obéir à l'une des dernières volontés de mon malheureux ami Jacquet, qui m'a fait promettre, à maintes reprises, d'écrire l'histoire de son procès. Me conformant à cette volonté suprème, j'ai tenté de remplir mon devoir d'ami et de consacrer à la mémoire de nos quatre morts ce modeste monument du souvenir.

I

LES ORIGINES

Le 6 Juillet 1914, à Lille, se trouvèrent réunis quelques hommes de bonne volonté. Ils différaient de langue et de race ; mais ils poursuivaient un but commun.

Des bouches du Rhin, des îles de l'Escaut, des falaises calaisiennes, des pâturages de l'Ardenne et des plaines flamandes, des coteaux de l'Artois et des marais picards, ils étaient venus chasser la même chimère ; la réconciliation avec l'Allemagne. Ils voyaient fuir le gibier convoité, dans la grisaille triste qui étouffait l'Europe, grosse d'un avenir mystérieux ; mais ils ne désespéraient pas de le forcer.

Ces chasseurs de chimères voulaient la fin des guerres fratricides, la paix universelle, le triomphe de leurs illusions humanitaires, la mort de tous les préjugés, de toutes les superstitions, de tous les privilèges.

Déjà s'amoncelaient les nuages précurseurs dans ces contrées tourmentées de l'Orient méditerranéen, où les Dieux ont créé autrefois un chaos de montagnes, où les Titans ont culbuté l'œuvre des Dieux, où des peuples frères, éternels ennemis, continuaient sous nos yeux les querelles des Atrides, où les Euménides n'ont jamais désarmé.

Emportés sur les ailes de leur rêve, ces chasseurs convaincus semblaient ne rien voir ni rien entendre; ils tendaient leurs mains fraternelles à ceux qui devinrent les bourreaux de la Belgique, de la Serbie, de la France du Nord, de la Roumanie, de l'Arménie, de la Pologne.

Ils n'ignoraient point, cependant, que des complots se tramaient dans l'ombre; que, si la foule voulait la paix, de petits groupements ambitieux et turbulents cherchaient la guerre.

Parmi les plus confiants, figuraient Eugène Jacquet et moi. Jacquet, enthousiaste, me dit :

— Il n'y aura plus de guerre, mon vieux. L'entente franco-allemande complètera l'entente cordiale avec l'Angleterre. Ce sont les États-Unis d'Europe pour demain.

— Et l'Alsace-Lorraine ?

— On arrangera cela. Autonomie? Neutralité ? Plébiscite ?

— Et les Balkans ?

— On f...ichera dans la mer Égée quelques tribus bruyantes et on fera avec le reste une belle République fédérale... »

Jacquet était l'homme des solutions simples.

*
* *

A la fin de juillet, ce fut pour l'Europe le coup de foudre des mobilisations.

Le 1ᵉʳ août, à Lille, vers cinq heures du soir, le drapeau français flottait à la Grand'Garde et l'on collait les affiches blanches.

Des rues déferlaient, sur la Grand'Place, des flots pressés d'habitants, déversés sans arrêt. A l'apparition du drapeau, une clameur immense retentit, alerte et gaie, comme si des milliers de clairons eussent sonné la charge.

Les mains se serraient ; des gens. qui ne se connaissaient pas, s'étreignaient ; d'autres dansaient, et de la clameur formidable s'élevèrent des sons rythmés : la Marseillaise, hurlée par mille bouches, couvrit la ville. Des femmes, des mères et des fiancées, les paupières humides, chantaient à l'unisson.

Que pèsent toutes les raisons des vieux rêveurs devant les instincts éternels d'un peuple ? Que valent nos illusions, balayées comme des feuilles mortes par le génie monstrueux de la race ?

Lion des Flandres, assoupi au sommet de nos beffrois, d'où tu contemplais d'un regard paternel nos paisibles travaux, comme tu t'éveilles vite !

Depuis des millénaires, les hordes de l'Est, filles du Soleil-Levant, ont dévasté nos plaines ; les vagues humaines ont roulé jusqu'au rivage, broyant tout.

A chaque marée, Lion des Flandres, tu secoues ta crinière et tu rugis joyeusement.

Je rencontrai Jacquet, lyrique :

« — Et l'entente franco-allemande ? lui dis-je.

— Ne me parle plus de cela. On fera les États-Unis d'Europe sur leur dos, à ces sauvages. »

Nous nous sommes serré la main un peu tristement ce soir-là, et nous nous sommes séparés en pleurant sur la mort de nos illusions.

*
* *

Ce n'est pas mon rôle de vous narrer ce qui suivit. L'histoire impartiale, peut-être, s'essayera à établir un jour, d'après des documents diffus, surabondants et contradictoires, une apparence de vérité ; le lointain des évènements estompera les contours, et seuls quelques faits saillants, issus du hasard, comme sous le pouce du sculpteur, se détacheront de l'amas de glaise et surgiront en bas-relief.

Lille fut abandonnée par les troupes françaises et la plus grosse partie des Pouvoirs publics et des Administrations, le 24 août 1914, à la suite d'un ordre venu on ne sait d'où. Les autorités responsables, militaires et civiles, se disputent actuellement l'honneur de n'avoir pas donné le signal de cette fuite, que les évènements n'ont pas justifiée.

La ville et la région furent laissées sans troupes pour les défendre, sans instructions pour les protéger, sans plus aucun lien avec le Pouvoir central.

Le 2 septembre, un lieutenant des hussards de la Mort, Von Oppel, vint, avec quelques hommes, prendre possession de la ville, exigea une rançon et les clefs et tenta d'étrangler le Préfet du Nord, M. Trépont. Sa troupe, augmentée le jour même d'un demi-bataillon d'infanterie, quitta subrepticement Lille le samedi suivant. Quelques jours après, quatre ou cinq officiers anglais vinrent à leur tour s'emparer de la ville, sans exiger de rançon. Toutefois, ils partirent comme leurs prédécesseurs.

Le calme régna ensuite; il n'y avait plus à Lille de soldats d'aucune sorte, ni français, ni allemands, ni anglais.

Le 4 octobre, eut lieu une première attaque; un train allemand fut arrêté contre un butoir au Pont Supérieur de Fives, au moment même où le 17ᵉ bataillon de chasseurs à pied venait se reposer dans la ville ouverte de Lille. Quelques maisons de Fives, désignées d'avance, furent incendiées à la main, et l'on se battit aux remparts du Sud et de l'Est tard dans la nuit.

Puis la semaine se passa sans qu'on vît la moindre action locale.

Le samedi 10, dans la matinée, un peloton de uhlans, qui avait pénétré en ville, en fut chassé par un peloton de chasseurs à cheval. A plusieurs reprises, de petits engagements eurent lieu au cours de la journée. L'après-midi, arrivée de goumiers et de territoriaux. Le soir, une avant-garde allemande s'aventura sur le Nouveau Boulevard jusqu'au Théâtre. Après un combat de rues assez vif, les Allemands se retirèrent. Quelques obus avaient accompagné cette tentative.

Le dimanche soir, 11 octobre, à neuf heures, commença le bombardement effectif, qui cessa vers une heure du matin et reprit vers cinq heures, pour s'arrêter encore et reprendre à nouveau à neuf heures du matin. Cependant, on se battait aux remparts d'une façon très active pendant que plusieurs quartiers de la ville étaient la proie des flammes.

La place fut rendue lundi vers quatre heures du soir. Les Allemands, qui pénétrèrent surtout par la porte de Douai au début, mirent le feu à la main dans toutes les maisons de la place Fernig, puis en ville à divers pâtés de maisons. Ils continuèrent leur œuvre de destruction, que leurs obus n'avaient pas suffisamment assurée, jusqu'au mardi.

Après la prise de Lille, les Allemands firent 1.100 soldats prisonniers environ ; il y eut 81 morts aux remparts et un certain nombre de blessés dans les hôpitaux. Le reste des 3.000 hommes qui composaient effectivement la garnison, que les Allemands évaluaient à 25.000, disparut totalement.

Qu'étaient devenus ces soldats? La plupart étaient de Lille ou de la région. Cachés chez l'habitant, au voisinage des remparts, fournis de vêtements civils et nourris par les gens du quartier, ils vécurent ainsi quelque temps.

Mais l'Administration allemande s'installait peu à peu, augmentait sa surveillance et multipliait les perquisitions. Les efforts individuels, les bonnes volontés éparses demandaient à être groupés.

Si l'argent ne manquait pas, grâce à l'inépuisable générosité des Lillois, l'organisation faisait défaut. Des escrocs en profitaient; des individus louches, espions probables, se glissaient dans les rangs des secourus.

A la suite d'une demande du Commandant Caron près de M. Trépont, Jacquet accepta la mission périlleuse qui lui fut confiée.

C'est à Jacquet que reviennent le mérite et l'honneur d'avoir canalisé les efforts, rassemblé les bonnes volontés, régularisé le service et pris la haute et grave responsabilité de l'Œuvre.

Sous une surveillance sévère et avertie, Jacquet a réussi pendant près d'un an, malgré les soupçons des Allemands, les imprudences commises, les dénonciations malpropres et les bavardages maladroits, à mener à bien l'Œuvre de secours aux soldats cachés et le passage en Hollande d'un grand nombre d'entre eux, avec tous les renseignements utiles recueillis par nos agents.

Plus de quinze cents soldats furent ainsi régulièrement secourus de toutes manières : logements, vêtements et chaussures, nourriture, tabac, argent de poche, etc. En y joignant les hommes entretenus individuellement par des gens dévoués, on doit admettre que plus de 2.000 soldats français, belges et anglais, furent ainsi dissimulés à Lille sous la domination allemande. Outre les soldats de la défense de Lille, des 5ᵉ et 8ᵉ territorial, du 20ᵉ chasseurs à cheval, des goumiers, qui ne s'étaient pas rendus, il y avait des soldats en traitement dans les hôpitaux ou en convalescence. Il y avait aussi des hommes cachés, blessés ou non, dans les villages des environs, et qui rallièrent les grandes villes : Lille, Roubaix, Tourcoing, où il était plus facile de vivre ignorés. Les sommes dépensées pour l'entretien de ces troupes ont dépassé 200.000 fr., sans compter les dons en nature, pour la première année seulement d'occupation. La plus grande partie des fonds fut fournie par MM. Plouvier frères.

Les changements de domicile étaient fréquents, nécessités par les tracasseries policières et par les perquisitions fréquentes. Les maladresses de certains hommes éveillaient fréquemment l'attention de nos ennemis.

C'est surtout à proximité des remparts qu'ils avaient défendus que se cachèrent d'abord les territoriaux et les goumiers. Plus tard, ils s'éparpillèrent dans la ville et les faubourgs.

Mais c'est dans les quartiers ouvriers, aux nombreuses petites maisons, dans les cités ouvrières, dans les cours, partout où était demeurée une population dense, que trouvèrent plus facilement à se loger la plupart de ces soldats, soit qu'il leur fût plus aisé de se dissimuler dans ces agglomérations, soit que les dévouements s'y fussent plus facilement rencontrés.

Le peuple est, de par sa vie toujours pénible, plus près de la souffrance ; il possède, pour tous ceux qui souffrent, une compassion naturelle et sincère ; et c'est sans effort qu'il élargit, pour le miséreux, pour l'errant, pour le fugitif, le cercle de la famille. La somme de ses misères est immense; il ignore la crainte de douleurs plus grandes : ni les menaces de mort que les affiches répétaient à profusion, ni les charges nouvelles apportées au foyer par la présence d'une bouche de plus à nourrir, ne pouvaient altérer son insouciante bonté.

Maertens assura, sous la direction de Jacquet, la répartition des fonds et des secours en nature. Une douzaine d'hommes et de femmes dévoués se partageaient les quartiers de Lille et les communes de la banlieue : Mme Jeanne Leclercq, Mme Druon, Jolly, Delfosse, Fourmentrau, etc.

Deconinck, assisté du sergent Pruvost, tenait avec beaucoup de méthode et de prudence la comptabilité de l'Œuvre.

C'est Deconinck qui, au cours de nombreux voyages en Belgique, et même à Flessingue et à Folkestone, organisa la plupart des services d'évasion en se mettant en rapports avec des guides sûrs et dévoués : les Belges Sylvère Verhulst, Léon Vestens et Hippolyte Cloots; les Français Julien Van Heuverzwyn et Gaston Lécuyer.

C'est encore Deconinck qui classait les renseignements militaires, recueillis un peu partout par des hommes de bonne volonté, dont un certain nombre, groupés sous la direction de Jean Vandenbosch, réussirent à établir un service de documentation important.

A ces opérations, souvent dangereuses, les collaborateurs ne manquèrent pas.

Tant que le Comité Jacquet borna ses efforts à l'entretien des soldats demeurés à Lille, la police allemande ne parut pas s'en préoccuper outre mesure. Il n'en fut pas de même quand les évasions devinrent fréquentes.

Beaucoup de convois étaient passés sans accrocs ; des officiers connus, des sous-officiers, des aviateurs alliés, des civils, de nombreux soldats avaient franchi les deux frontières et les limites de diverses commandantures, jalouses de leurs juridictions, de leurs privilèges, voire même de leurs bénéfices.

Les itinéraires variaient constamment, car ils ne pouvaient être longtemps utilisables. Sitôt en Hollande, les heureux délivrés contaient sans prudence leur voyage. Des oreilles attentives recueillaient soigneusement ces confidences.

Aussi les arrestations se multiplièrent; au

début, les prisonniers s'en tiraient généralement à bon compte, les uns en payant une amende souvent légère, et qui ne dépassait pas les limites du poste, les autres avec quelques semaines de prison, Plus tard, les pénalités augmentèrent : deux mois de prison et la déportation dans un camp civil en Allemagne.

La police allemande de Belgique finit par s'émouvoir de ces passages ; soupçonnant des organisations directrices, craignant, avec raison, que des renseignements militaires ne parvinssent en France à la faveur de ces évasions, elle redoubla de surveillance.

Et le hasard la servit.

II

LA TRAHISON

Le 7 juillet 1915, furent arrêtés au delà d'Anvers, à Brasschaet (Province d'Anvers) :

> Le Boulba Louis,
> Bourriez Robert.
> Marchand Marcel.
> Richard Louis.
> Carpentier Charles.

et deux guides et un cocher. de noms inconnus.

Le Boulba, soldat au 17ᵉ Territorial, blessé à Flers (Somme), recueilli par une ambulance civile de Roubaix, avait été ramené dans cette ville et soigné à l'hôpital du Raverdy. Les troupes allemandes ayant occupé Roubaix le 14 octobre 1914 dans la matinée, Le Boulba s'enfuit de l'ambulance vers midi et essaya de franchir les lignes. N'ayant pu réussir, il se réfugia à Lille où il demeura dans divers domiciles clandestins, en particulier, 72, rue de Juliers, et 14, rue de Lens. Muni d'un billet de circulation faux, il fut inscrit au contrôle de Jacquet sous le N° 557.

Le Boulba quitta Lille le 1er juillet 1915 pour passer en Hollande, dans un convoi organisé par Jacquet et formé en outre de deux Lillois : Marchand Marcel et Bourriez Robert. Léon Vestens les conduisit jusqu'à Gand.

Bourriez Robert, de la classe 1915, inscrit au Comité sous le N° 180, partait pour s'engager ; il habitait 12, rue de la Tranquillité, chez son père, Bourriez Ferdinand, N° 159, payeur du Comité Jacquet. Marchand Marcel, chevilleur à Lille, réformé à la suite d'un accident de sport survenu depuis son service militaire, cherchait à rentrer en France libre. Tous trois furent retenus quelques jours à Gand par Sylvère Verhulst, pour y attendre le groupe suivant.

Pendant leur séjour, Carpentier, venu de Douai par ses seuls moyens, se joignit à eux. Carpentier Charles, sous-officier d'artillerie est resté caché à Douai, en essayant plusieurs fois de franchir les lignes. Plus tard, il partit seul, sans guide, avec de faux papiers, sous le nom de Coqueret, qu'il conserva en prison et au camp. Pendant son séjour à Gand il se mit en relation avec Verhulst et se joignit au convoi composé de Le Boulba, Bourriez et Marchand. Le groupe attendu comprenant trois soldats · Defrance Gaston, F. Charlier et Richard Louis, les rattrapa à Lokeren.

Defrance Gaston, soldat au 148ᵉ de ligne. était logé à Lille, 14, rue Jeanne-Maillotte, et inscrit sous le Nᵒ 333.

F. Charlier, soldat au 148ᵉ de ligne, Nᵒ 227, fut logé successivement 14, rue Jeanne-Maillotte, et 38, rue du Pont-Neuf.

Richard Louis, connu aussi sous le nom de De Richard. se disant maréchal-des-logis au 10ᵉ d'Artillerie, 2ᵉ batterie, en réalité réformé avant la guerre, serait né à Vannes ou à Quiberon. Son père, ancien adjudant, originaire de Louvignies-Quesnoy (Nord), s'était retiré à Vannes, où il est mort. Réfugié dans Lille après le bombardement de cette ville, dans des conditions mal expliquées, Richard avait été blessé, selon ses dires, au début de la campagne. Entretenu par le comité Jacquet, inscrit sous le N° 364, logé d'abord chez E. Degelder, 20, rue Alexandre-Leleu, il ne tarda pas à changer de domicile, tout en continuant à toucher ses secours, versés par Grégoire Delfosse, chez Degelder. Richard menait une existence très irrégulière, dangereuse même pour l'organisation. Il se livrait à la débauche avec des individus louches et des femmes de mauvaise vie.

C'est pour ce motif, afin de s'en débarrasser, qu'on profita du départ de Charlier et de Defrance pour l'envoyer en Hollande.

Le convoi ainsi rassemblé à Lokeren par Verhulst se trouva composé de Le Boulba, Bourriez, Marchand, Carpentier, Defrance, Charlier et Richard. Remis au guide Hippolyte Cloots pour la dernière étape, il laissa à Anvers Defrance et Charlier, qui étaient trop fatigués et qui avaient mal aux pieds. Ces deux derniers eurent la chance de réussir à passer la frontière le lendemain.

Les autres furent arrêtés le jour même, le 7 juillet à Brasschaet (Province d'Anvers), et ramenés en automobile à la prison cellulaire d'Anvers. Emmené dans la première voiture avec Marchand, Richard, pour sauver sa tête qu'il croyait naïvement en danger, avoua sans difficulté tout ce qu'il savait et qui se réduisait heureusement à peu de chose : l'existence à Lille d'un Comité qui entretenait les soldats cachés dans la ville, et cela était connu de la police allemande lilloise qui se contentait d'exercer une surveillance discrète ; Richard déclara qu'on envoyait ces soldats en France par la Hollande, généralement avec des documents militaires, souvent dissimulés dans des cannes creuses. Cette accusation était plus grave. Il donna en outre les noms de quelques-uns des organisateurs lillois, en particulier de Jacquet, de Maertens, de Deconinck, de Delfosse ; il indiqua les itinéraires suivis à cette époque, les guides qu'il connaissait, Léon Vestens et Sylvère Verhulst, et les logements d'étapes.

Gagné aux Allemands par l'offre d'un salaire élevé, il consentit à collaborer à l'œuvre de leurs policiers. Deux jours après son arrestation, il était libre, surveillé dans Anvers et guettait au Nº 6 de la rue de la Station. hôtel Malpas, les convois attendus. Il jouait aux dames dans la salle du café avec X... le 9 juillet vers midi. quand arrivèrent de Lille Piquet, Huchard et Butez, conduits par Verhulst. C'est ainsi qu'il participa à leur arrestation, et à celles de l'hôtelier Meeusen et de son domestique Bonner.

Richard accompagna dès lors Meier et Schmidt, les policiers d'Anvers, dans leurs tournées ; il les aida à Lille pour prendre Jacquet, sa fille Geneviève, Boufflers, Maertens, Delfosse, et pour perquisitionner chez moi. Lors du transfert à Anvers de Jacquet, Bardou, Maertens, Boufflers, Baratte, Delfosse et Mme Fourmentrau, Richard se trouvait dans le train et fut aperçu sur le quai d'une gare entre Tournai et Bruxelles (Ath ou Enghien). Il conduisit les policiers le 14 à Gand pour arrêter Deconinck et Forrest à « la Ville d'Audenarde », le 14 au soir à Olsene pour prendre Vestens et Lécuyer. Le lendemain, il tendait à Oostacker un piège à Julien Van Heuverzwyn. Revenu à Lille le 16, il collaborait à l'arrestation de Lefebvre et probablement à celle de Vandenbosch. Au cours du procès Jacquet, on le vit fréquemment à Lille, jouant son rôle dans les perquisitions et les arrestations.

Les Allemands s'en servaient dans les occasions où ils avaient besoin d'un agent parlant couramment le français sans accent suspect. Il assista à la plupart des interrogatoires d'Anvers, caché derrière un paravent; il fut même confronté avec quelques-uns d'entre nous. Richard a continué à travailler pour la police allemande d'abord à Lille, puis en Belgique, surtout à Anvers, et à Maubeuge.

Les débuts de Richard dans la voie de la trahison doivent être exclusivement attribués à la peur qu'il éprouva au moment de son arrestation et qui lui fit « déballer » tout ce qu'il savait, pour éviter une condamnation qu'il croyait capitale. Il n'avait pas prémédité sa trahison. Dans ce cas en effet, il aurait pu la faire plus complète et en tirer de plus grands avantages. Le convoi auquel il appartenait était chargé du transport d'une canne creuse contenant des renseignements militaires, canne que chacun portait à son tour. Verhulst, voyant la répugnance que Richard témoignait pour ce service et prévenu d'autre part sur la moralité douteuse de l'individu, évita de la lui confier à nouveau dans la suite du voyage. Il eût été si facile pour Richard de la garder et de remettre à la police allemande cette terrible pièce à conviction que l'on ne s'explique pas qu'il ne l'ait pas fait. Cette canne a disparu en temps utile et n'est pas tombée, pas plus qu'aucune de celles qui avaient été égarées antérieurement, entre les mains des Allemands. Les papiers confiés à Le Boulba, qui en possédait un autre lot, ont été détruits à temps par ce dernier.

La trahison de Richard n'a pas eu de suites graves pour les soldats qui furent arrêtés en même temps que lui à Brasschaet le 7 juillet 1915.

En effet, Le Boulba, Bourriez et Carpentier passèrent en conseil de guerre à Anvers quelques jours après leur arrestation et furent condamnés à deux mois de prison et à la déportation en Allemagne Leur prison terminée, ils furent envoyés à Sennelager (Westphalie) au camp de Senne I (civils belges et français). De là, Le Boulba, après une première tentative d'évasion, fut transféré à la forteresse d'Havelberg, puis au camp d'Holzminden, d'où il essaya en vain de s'enfuir plusieurs fois. Le 30 janvier 1917, il partit comme ouvrier libre, piqueur de chaudières, avec Redon, capitaine au long cours, pour aller travailler à Hanovre. Ayant réussi à se procurer des permissions de quinze jours accordées aux prisonniers mariés avec des Allemandes, ils purent tous deux s'évader en

chemin de fer le 11 février de Hanovre à Cologne et de là à Aix-la-Chapelle. Leurs permissions furent vérifiées en route par un agent de
la police secrète. D'Aix-la-Chapelle à Wans
(Hollande) ils passèrent à pied dans la neige et
ils parvinrent à Maestricht vers 6 heures et
demie du matin.

Par les soins du consul de France et du chef
du service des renseignements, des instructions
furent envoyées à Carpentier à Holzminden, à
qui Le Boulba avait laissé deux permissions
semblables à celles dont il se servit avec Redon,
et à divers autres camarades.

Des envois analogues furent faits de Rotter-
dam. Le Boulba et Redon sont rentrés en
France fin février 1917. Le Boulba, électricien,
a été mobilisé dans l'industrie, après un court
passage à son dépôt. Redon a repris le commandement d'un bateau de la Compagnie Worms
du Hâvre.

Bourriez, envoyé aussi à Sennelager, puis à
Holzminden, s'est évadé de ce dernier camp au
printemps 1917 et a rejoint son dépôt.

Carpentier, parti également d'Anvers pour
Sennelager le 16 septembre 1915, transféré ensuite à Holzminden, s'est évadé de ce dernier

camp en suivant les indications de Le Boulba, en partant d'abord comme travailleur libre à Hanovre et en utilisant de là une permission pour prisonnier marié avec une Allemande. Il est rentré en France en mars 1917 et a rejoint son dépôt. Quant à Marchand, condamné aussi à deux mois de prison par le Conseil de guerre d'Anvers, il fut reconnu non mobilisable sur le vu d'un faux certificat d'exemption de service militaire fabriqué par Camelin et moi, et renvoyé à Lille, sa prison achevée, le 7 septembre 1917.

Seuls les logeurs et les guides d'Anvers furent plus cruellement punis. Les guides et Cloots Hippolyte, de Gand, qui s'était mis dès le début de l'occupation à la disposition des particuliers et des comités régionaux pour la conduite des convois d'évasion, furent condamnés à dix ans de travaux forcés et envoyés dans une prison en Allemagne. Cloots y serait mort avant la fin des hostilités. Meeusen et son domestique Bonner, d'Anvers, arrêtés le 9 juillet 1915 à leur domicile, en même temps qu'un convoi dénoncé et guetté par Richard, et composé de Piquet, Huchard, Butez et de leur guide Verhulst, furent condamnés par le Conseil de guerre d'Anvers

à dix ans de travaux forcés et envoyés en prison
en Allemagne. Ils ont été délivrés plus tard et
sont rentrés à Anvers.

Les conséquences de la trahison de Richard
furent plus graves ensuite. Le lundi 5 juillet
était parti de Lille un nouveau convoi composé
de : Piquet Jean, Huchard Gaston-Lucien et
Butez Ismaël, conduits par le guide Léon Vestens. Parvenus à Olsene (Flandre Orientale),
le premier soir, Piquet et Huchard, que les
allures singulières de leur guide avaient
inquiétés, se décidèrent à brûler les papiers
qui leur avaient été confiés, après les avoir
appris par cœur ; il y avait entre autres le plan
du champ d'aviation de Tourmignies, nouvelle-
ment installé. Ils arrivèrent à Gand le lendemain et furent remis à Sylvère Verhulst qui les
fit attendre une journée, espérant la venue
d'une nouvelle équipe.

Parvenus à Anvers le 9 juillet vers midi, ils
se rendirent au N° 6 de la rue de la Station,
chez Meeusen. Dans la salle du café, Richard
jouait aux dames. Verhulst lui manifesta sa
surprise de le voir encore là. Richard répondit
que, fatigué, il n'avait pu terminer son voyage
l'avant-veille, et qu'il attendait le prochain

convoi pour partir avec lui. Sylvère et ses compagnons montèrent dans une chambre du premier étage, pour attendre le guide « hollandais » Cloots, qui ne vint pas, car il avait été pris le 9 juillet à Anvers, le matin même. Là, Piquet écrivit une lettre à Bardou, pour lui dire que le voyage s'était bien passé ; cette lettre devait être rapportée à Lille par Sylvère. Des policiers allemands, revolver au poing, envahirent la chambre en criant : « Haut les mains ! » et les arrêtèrent. Gardés quelques heures dans une écurie voisine, ils furent ensuite emmenés à la prison cellulaire d'Anvers.

Verhulst, Piquet, Huchard et Butez constituèrent le premier lot des complices de Jacquet, qui devaient être plus tard ramenés à Lille.

Sylvère Verhulst, né à Nieuwerkerke-les-Alost, d'une bonne famille belge, avait fait des études classiques, et avait été étudiant en droit à Gand, pour être notaire. Après avoir dissipé sa fortune, se considérant lui-même comme déclassé, il fit divers métiers manuels. Soldat belge au début de la guerre, il fut blessé à Aalen, soigné à Liège, évadé de l'hôpital à demi-guéri ; il fut quelque temps infirmier à Lommelet. Puis il profita de sa grande connaissance du pays pour faire la fraude des produits alimentaires dont la circulation était interdite par les Allemands et bientôt pour conduire des Français en Hollande. Contre un salaire raisonnable, il s'est toujours acquitté de ses tâches délicates et dangereuses avec dévouement, courage et régularité. Marcheur infatigable et rapide, il a réalisé des prouesses, a conduit en Hollande un nombre considérable de Français, qu'il racolait lui-même d'abord, puis qui lui furent confiés par Deconinck et Jacquet. Il portait les renseignements confidentiels qui lui étaient fournis et ceux qu'il recueillait au cours de ses nombreux voyages. Le carnet saisi sur lui, un vieil agenda médical, contenait des notes en flamand, écrites en caractères grecs, en particulier sur les emplacements d'un important dépôt d'essence et d'une fabrique de munitions en Belgique, dans la région de Gand. Ces notes, restées incompréhensibles pour les policiers allemands, furent attribuées successivement à Piquet, à Jacquet et à Bardou, qui tous trois avaient fait du grec. Mais les Allemands ignoraient que Sylvère en avait fait également, et les abréviations qu'il utilisa demeurèrent intraduisibles. Il semble d'ailleurs que ce carnet ne fut pas, du moins intégralement, versé aux débats de Lille.

Piquet Jean, étudiant en médecine à 15 inscriptions, est le fils de M. Piquet, professeur de langue et littérature allemandes à la Faculté des Lettres de Lille. Il était en sursis d'appel, interne des hôpitaux, et demeura à Lille par ordre du doyen de la Faculté de Médecine.

Parti une première fois le 2 septembre 1914 avec un groupe d'étudiants dans sa situation, le jour de la prise de Lille par le lieutenant des hussards de la Mort, Von Oppel, Piquet a été arrêté, ainsi que ses amis, par une patrouille de soldats allemands; il fut relâché le soir même.

Parti à nouveau à l'évacuation du 9 octobre, Piquet s'est rendu à Bergues selon l'ordre donné à Hazebrouck. Là, l'officier de recrutement n'ayant aucune instruction concernant les hommes en sursis d'appel, le renvoya à Lille, où il éprouva quelques difficultés à rentrer. Piquet reprit son service à l'hôpital. Plus tard, ennuyé de paraître embusqué dans un service d'hôpital devenu illusoire, Piquet me demanda de lui trouver le moyen de passer en France. Je combinai l'affaire avec Deconinck, et Piquet partit de Lille le 5 juillet 1915 avec Huchard et Butez.

Huchard Gaston-Lucien était comme Piquet, étudiant en médecine à 15 inscriptions. Il dépendait, en sa qualité de Sénégalais, du recrutement de Dakar et des lois spéciales qui le régissent; il a été renvoyé au début de la mobilisation sans explication.

Parti avec Piquet et d'autres étudiants en médecine en sursis d'appel, le 2 septembre 1914, il a été arrêté par une patrouille et relâché le soir même. Plus tard, se trouvant dans une situation aussi ennuyeuse que Piquet, Huchard décida de passer en France avec lui. Butez Ismaël se trouvait à Lille dans des conditions imprécises : ouvrier maçon, sans travail ; il fut joint par Deconinck au convoi de Piquet et de Huchard.

C'est ainsi que le hasard d'une arrestation, apparemment banale à la frontière hollandaise, livra aux Allemands, avec le traître Richard, les preuves qui leur avaient manqué jusqu'ici pour mettre la main sur Jacquet et ses complices.

Si Richard n'a peut-être pas provoqué sa propre arrestation, il faut reconnaître qu'il n'a

guère tardé à se mettre au service de nos ennemis. La lâcheté d'un Français indigne a fourni
à la haine stupide du gouverneur de Lille, Von
Henrich, les armes qui lui manquaient pour
assouvir sa vengeance tardive.

III

L'ARRESTATION DE JACQUET

Soupçonné dès le début de l'occupation, espionné, filé, surveillé de toutes manières, Jacquet a réussi à organiser son Œuvre de secours aux soldats cachés dans Lille et à la faire fonctionner pendant dix mois sans encombre Sous la botte allemande, dans une ville peuplée d'espions, il assura l'existence matérielle, le logement, les vêtements et la nourriture à près de quinze cents hommes, les uns provenant de la modeste garnison qui dut assurer la défense de Lille, les autres, réfugiés de la région. Jacquet prit, sur l'ordre du Gouvernement français, rapporté par Deconinck, l'initiative dangereuse d'envoyer ces hommes en France, par petits paquets, suivant des routes préparées à l'avance par Deconinck et sous la conduite de guides éprouvés, recrutés également par Deconinck. Jacquet profita de ces nombreuses occasions de communiquer avec la France, quand cela ne fut plus possible à travers les lignes. pour faire passer tous les renseignements susceptibles d'être utiles aux armées alliées. Grâce à une organisation parallèle qui mettait à contribution les mêmes bonnes volontés, tant parmi les habitants de Lille que parmi les soldats, les renseignements affluaient. Après classement et vérification, Jacquet, aidé de Deconinck, expédiait les documents intéressants.

C'est encore Jacquet qui recueillit chez Godfroid l'aviateur anglais Mapplebeck et lui trouva ensuite, sa maison étant trop surveillée, des logements plus sûrs; puis, qui organisa son départ pour la Hollande avec le sous-officier belge Habay, sous la conduite de Verhulst.

Jacquet fut souvent dénoncé à la police allemande; de nombreuses lettres anonymes, de sources très diverses, ont été envoyées à la commandanture. En outre, des individus douteux, qui n'avaient pas tardé à se mettre à la disposition des Allemands, donnèrent plusieurs fois des indications plus ou moins précises sur les actes de Jacquet et de ses amis. Un ancien sous-officier, dont la conduite était déplorable, menaça maintes fois Jacquet. Une femme le dénonça en 1915 et détermina ainsi une première perquisition, infructueuse, au domicile de Jacquet.

Jacquet fut arrêté fin juin avec Delory et Ghesquière, députés de Lille, pour l'affaire des sacs, où l'on prétendait qu'ils avaient tous trois joué un rôle en empêchant de travailler à la fabrication des sacs à terre les ouvrières de Lille et de la banlieue.

Tous trois furent relâchés le 3 juillet, après cinq à six jours de Citadelle.

A la suite de la trahison de Richard, les policiers d'Anvers, Meier et Schmidt, accompagnés de Richard et de policiers lillois, vinrent opérer à Lille le 10 juillet. Dès neuf heures du matin, Richard et Schmidt, déguisés en paysans, m'apportèrent la lettre écrite par Piquet la veille à Anvers et saisie sur lui. Un peu plus tard, ils se rendirent chez Jacquet, où, après une petite comédie, dans laquelle Richard tint sa partie, ils procédèrent à son arrestation, à celles de sa fille aînée Geneviève et de son domestique, le soldat Émile Boufflers, et à une perquisition qui dura plusieurs heures, sans aucun résultat. Jacquet a pu, en effet, faire disparaître à temps, grâce au service de surveillance installé chez lui et au truquage habile d'un armoire, le sac noir, contenant tous les documents importants. Ceux-ci ont été placés dans une cachette sûre.

Jacquet fut ensuite emmené avec sa fille Geneviève, vers trois heures du soir, au bureau de la police militaire, rue de Pas.

Qu'était-ce que Jacquet ?

Camille-Eugène Jacquet est né à Compiègne en 1869. Après de bonnes études secondaires, il se lança dans le commerce. Actif et audacieux, fait pour les grandes entreprises, il se rendit aux États-Unis, où il vécut plusieurs années.

Plus tard, il revint en France et se fixa à Lille. Esprit ouvert, cœur généreux, il consacrait une bonne partie de son temps, arrachée aux affaires, à des œuvres philantropiques et de solidarité sociale. Vice-Président de la Fédération du Nord de la Ligue des Droits de l'Homme et du Citoyen, il ne ménageait à cette Société ni sa peine ni son argent. Toujours prêt à venir en aide aux déshérités de la vie, aux victimes de notre état social, aux opprimés, aux malheureux, il apportait à cette défense · sa fougue, son esprit d'initiative et sa lucidité. Les qualités dont il faisait preuve dans la paix, il les montra dans la guerre, et il sut ne jamais se départir ni de sa bonne humeur éclatante ni de son activité méthodique.

L'arrestation de Jacquet, opérée par Schmidt, avec l'aide de Richard, n'avait pas tardé à être connue en ville. Fourmentrau, soldat du 8ᵉ territorial, caché chez lui depuis le bombardement de Lille, l'apprit un des premiers. Comme il avait la charge de veiller sur l'appartement de Deconinck, voisin de son domicile, il s'empressa d'y aller chercher une serviette noire, contenant des documents très compromettants. Cette serviette, emportée chez lui, fut remise au sergent Pruvost, second secrétaire de Jacquet, qui la porta lui-même à René Wibaux, à qui elle fut remise à « La Nouvelle Cloche », place Sébastopol, devant moi. Wibaux la confia à Albert Camelin. Plus tard, Wibaux reprit une partie des papiers, mais dut s'en débarrasser, car il était lui-même très surveillé ; ceux-ci passèrent de main en main et n'ont pas encore été tous retrouvés. Fourmentrau voulut ensuite déménager de la chambre de Deconinck un fauteuil qu'il savait contenir divers papiers. Aidé de Jean Baratte, jeune homme de Pont-à-Marcq, momentanément logé dans une chambre voisine de celle de Deconinck, où il attendait son tour pour passer en France afin de s'engager, Fourmentrau emporta ce fauteuil dans la rue ; mais, averti par un des hommes du Comité, Dejaegher, je crois, de l'approche d'une patrouille allemande, il prit sa course avec Baratte et le fauteuil. Des agents allemands, qui les virent, les arrêtèrent. Pendant qu'on perquisitionnait chez Fourmentrau, celui-ci parvint à s'échapper en brisant un lanterneau. Poursuivi à coups de revolver, repris, il s'évada à nouveau et, cette fois, ne fut jamais rattrapé. Fourmentrau vécut caché dans divers domiciles successifs, chez sa belle-sœur, puis à Fives. Chassé de là par l'explosion du 12 janvier 1916, il se décida à revenir dans sa maison, où il demeura plusieurs mois sans sortir. Ce séjour devenant dangereux, Paul Pelleau lui fournit une carte d'identité, avec la complicité d'Oscar Hermez. Sous le nom de Louis Deroo, il reprit sa vie recluse dans des maisons d'emprunt : rue Charles-Quint, rue d'Antin, rue de la Vignette, rue d'Esquermes. Mais cette existence pénible l'avait épuisé. Il fut admis comme tuberculeux, toujours sous son faux nom, le 4 mai 1917, à l'hôpital de la Charité ; c'est là qu'il mourut le 6 juillet de la même année.

Cependant, le policier Schmidt, furieux d'avoir laissé échapper sa proie, avait procédé à l'arrestation de Mme Fourmentrau, malgré son état de santé. Il escomptait obtenir, par ce procédé douteux, la reddition du mari. Mme Fourmentrau fut emmenée à son tour au bureau de la police militaire, rue de Pas.

J'étais sorti de chez moi vers dix heures du matin. J'appris, en quittant l'hôpital de la Charité, que la police allemande perquisitionnait chez Jacquet ; je fis rapidement mes courses ; j'avertis les amis et collaborateurs ; je veillai à la mise en sûreté du sac noir de Jacquet et de la serviette de Deconinck et je rentrai à mon domicile. Prévenu en route que la police m'attendait, je refusai l'occasion qui m'était offerte de m'enfuir en Hollande le jour même, par crainte de représailles contre les miens. Quand je rentrai vers une heure et demie, un policier civil, avocat d'origine danoise, m'attendait, accompagné de nombreux soldats en armes. L'agent procéda à une perquisition, assez mal faite, qui ne donna aucun résultat. Je fus ensuite emmené au bureau de la police militaire, où je retrouvai Jacquet et sa fille Geneviève. Plus tard, Mme Fourmentrau, puis Baratte, furent amenés à leur tour.

Nous fûmes, tous les cinq, conduits à la Citadelle ; nous pûmes causer en cours de route et je passai de l'argent à Jacquet, qu'on avait complètement dépouillé. Nous fûmes mis en cellules séparées, avec une certaine brutalité.

IV

EN CELLULE

Extrait de mon journal :

« Une brute me pousse avec violence dans une cellule. Je l'injurie énergiquement et je reçois quelques coups de crosse ; mais le regard de la brute manifeste déjà un certain étonnement, où ne tardera pas à apparaître une trace de respect.

On m'a logé dans une sale chambre, basse de plafond, toute noire de crasse, tapissée de toiles d'araignée, à la porte disjointe et mal close, malgré ses énormes verrous. C'est là que Delory a séjourné récemment. Une fenêtre assez large, garnie de barreaux rouillés et d'un grillage, ouvre sur le chemin de ronde du rempart, sur un talus de verdure planté de beaux arbres : un joli coin de nature. Le mobilier est modeste : deux lits bas de bois avec paillasses et couvertures, une table de jardin, une chaise de fer, un vieux poêle. Après quelques réclamations, on m'apporte successivement trois cuvettes, deux seaux, dont un plein d'eau, deux bassines, un balai ; mon ménage se monte. Moyennant quelques marks, je commence une cave avec des bouteilles de bière et j'obtiens du fromage et du pain gris.

Me voilà donc en prison. Ma cellule est sale, mais assez grande, et la fenêtre qui ouvre sur la verdure et sur le grand air du Bois de Boulogne donne un peu de gaieté à cette geôle. Si cela doit durer, je m'y habituerai assez bien.

Mais cela ne doit vraisemblablement pas durer.

Je mange d'abord un morceau ; j'entame une des boîtes de conserves qui garnissaient mon sac, toujours prêt heureusement ; je bois d'une bière excellente, à laquelle nous ne sommes plus habitués depuis longtemps. Une bonne pipe, et je retrouve mon optimisme accoutumé. L'homme qui a mangé voit plus facile et plus rose la vie.

Cependant, il est temps de tenir Conseil de guerre.

Que puis-je me reprocher à l'égard des Allemands, mes maîtres ? Il vaut mieux laisser cela de côté et poser autrement la question. Que peuvent me reprocher les Allemands? ou mieux, que savent-ils? quels griefs précis ont-ils contre moi? Et je fais mon examen de conscience. Après mûres réflexions, je décide, si on me laisse le temps de me défendre, d'avouer quelque chose, quelque chose de grave relativement et qui ne compromette que moi. Je nierai tout ce qu'on tentera d'y ajouter. On doit toujours avouer quelque chose ; celui qui nie tout n'est pas digne de créance, et celui qui avoue nettement une faute comble de joie le magistrat instructeur, qui est heureux de tenir un coupable, qui se félicite de son flair et qui se laisse facilement parquer, tel un mouton, dans le domaine ainsi nettement circonscrit. Laissez flotter aux alentours comme une buée d'incertitudes, de vagues nuées sans contours définis; oubliez les divisions arbitraires du temps et de l'espace. L'objet avoué n'en prendra que plus de relief et finira par hypnotiser votre accusateur. C'est ainsi que je construis dans le silence paisible de ma cellule la psychologie des juges d'instruction ; c'est ainsi que j'élabore sans douleur le plan de défense le plus simple, le moins complexe. le plus naïf ; au point que, réfléchissant depuis, je n'ai jamais compris qu'il ait pu si bien réussir. Ainsi, me voilà paré.

Mais il se peut que tous ces préparatifs ne servent à rien. Si, en effet, je n'ai affaire demain qu'à l'interrogatoire de pure forme qui précède généralement les applications sommaires de la loi martiale, toutes mes recherches, tant sur mon passé de criminel que sur la psychologie des magistrats boches, vont demeurer sans emploi. Les ailes coupées, mon inspiration s'effondre.

Alors, demain, je vais mourir : un nombre incertain de balles de guerre. tirées à trop courte portée, vont me donner plusieurs fois la mort, en abîmant quelque peu mon anatomie. J'avoue que cela ne me sourit guère. J'avais bien un peu envisagé cette fin depuis les débuts de l'occupation ; mais, comme le soldat, qui se croit invulnérable, je comptais fermement passer à travers les balles. Ma disparition ne causera point de trouble, car je n'ai pas occupé sur cette terre une place bien grande. L'anéantissement de ma quelconque personnalité sera un simple accident, sans portée pour les autres ; mais pour moi, il n'en sera pas de même ; et je reconnais qu'il me sera particulièrement pénible de ne plus jouir du spectacle baroque et touchant de la vie, qui avait à mes yeux un certain charme.

Il est donc prudent de penser aux choses sérieuses.

Je vais laisser une femme et deux enfants, et ma vieille mère, évacuée je ne sais où depuis le bombardement d'Albert ; en outre, quelques parents, à divers degrés de sympathie, et dans la foule des camarades, quelques amis qui sont plus que certains parents.

Réglons l'avenir, commandons au destin, construisons les demains impénétrables. L'homme qui régente ainsi les lendemains de sa mort ne doit pas se faire d'illusions. Il doit bien se persuader que rien ne se fera de ce qu'il a décidé, que les événements se dérouleront tout autrement qu'il ne l'a prévu, que toutes les précautions qu'il a cru devoir prendre ne serviront de rien, et que les précautions qu'il aurait dû prendre manqueront devant des faits inattendus. Néanmoins il semble à tous qu'on ne pourrait pas s'endormir tranquille du dernier sommeil, si, après avoir en vain essayé de mener le présent, l'on ne tentait pas cette chose inutile, de réglementer l'avenir. En quelques pages claires et précises, j'ai, comme un dieu, tracé la voie aux miens. Il reste encore à régler quelques détails, comme le legs de mes notes variées et abondantes, à quelques chercheurs amis, qui n'en tireront peut-être aucun parti, car il n'y a en réalité peut-être rien à en tirer. *Vanitas vanitatum...*

Maintenant il me faut dormir, et bien dormir, afin d'être prêt pour demain, d'être solide et dispos : il faut être d'aplomb pour subir un interrogatoire dangereux ; il faut être d'aplomb davantage encore pour recevoir dignement douze balles dans la peau. Et je me suis couché tranquille, dans un lit qui manquait de confortable. Des grattements au-dessus de ma tête, des grignotements : deux rats, deux beaux petits rats gris viennent manger leur part de mon pain. Cette visite me plaît : je ne suis plus seul dans ma cellule. Dès maintenant je commence leur éducation : l'un, celui qui a un si curieux museau pointu, répondra au nom d'Arthur ; et, sans autre raison, je nomme Maurice, le second, qui a l'oreille gauche fendue, vestige de quelque bagarre. Je me lève sàns bruit ; ils s'enfuient. Je dispose un chemin de petites croûtes de pain qui doit les conduire depuis le lieu de leur disparition jusqu'à l'appui de ma fenêtre, où j'espère bien les voir demain matin. Bonsoir, Arthur ; bonsoir, Maurice ; bonsoir, mes frères rats. C'est ainsi que je m'endormis paisiblement, la joie au cœur ; car j'avais trouvé des compagnons.

Dormais-je déjà ? J'entends pleurer tout près de moi. Je me réveille tout à fait. En effet quelqu'un pleure dans une cellule en face, de l'autre côté du couloir. C'est une femme. Des pas lourds, de grosses bottes martèlent le plancher. Une porte s'ouvre. On cause : c'est Geneviève Jacquet qui demande un verre d'eau à son gardien. Pauvre fille ! Que va-t-on faire d'elle en cette affaire ? Je plains la fille et le père qui non loin de là ne doit pas dormir non plus en pensant à elle. Moi au moins je suis seul des miens ici, et j'espère que ces sauvages ficheront la paix à ma famille.

Tout bruit s'éteint, les pas lourds se sont éloignés. Je m'endors.

*
* *

Je me réveille ce matin de bonne heure, aux bruits divers de la soldatesque allemande : des bottes qui traînent, des appels gutturaux, des aboiements impératifs, le réveil harmonieux d'une caserne boche. Par ma fenêtre ouverte, malgré le grillage maussade et les barreaux rongés de rouille, entrent à flots les rayons du soleil, les chants d'oiseaux, les mille parfums du bois qui encensent l'aurore. Qu'il fait bon vivre ce matin !

Un feldgrau passe, jugulaire au menton, casque en tête, le fusil dardant sur son épaule la flamme de la baïonnette ; l'homme a sur sa face naturellement brutale le masque féroce qui lui fut imposé. Cet homme est mon gardien ; il a conscience de sa mission et sait qu'il garde un grand criminel. J'aime ta douce bêtise, ô brute stupide, et je ne t'en veux pas. Cependant j'organise mes journées, comme si mon séjour ici devait se prolonger. Au lever, toilette, petit déjeuner, promenade autour de ma chambre : 22 pas pour le tour total, en utilisant le maximum et en contournant les obstacles créés par un mobilier restreint ; puis deux heures de travail ; j'ai heureusement apporté un énorme bouquin de minéralogie microscopique. Une heure de promenade et de rêvasserie à ma fenêtre, qui serait charmante, si cet affreux boche n'y inscrivait pas sa silhouette. A la relève, la tête change, mais la gueule persiste.

Une heure de travail. Repas : la porte s'ouvre avec fracas ; elle est si délabrée ; plusieurs serviteurs accourent et jettent avec promptitude, dans une immense casserole, une louche de soupe avec des traces de viande, une cuillerée de pommes de terre, une pincée de salade. Je sauve habilement cette dernière avant l'immersion fatale. Pas fameux, le menu. J'ai par bonheur des provisions dans mon sac, et le cantinier est déjà à ma solde.

La porte poussée avec violence s'effondre ; une sentinelle vient m'enlever sans explication au cours de mon repas ; elle me conduit dans la salle du conseil de guerre. Là, je me trouve en présence d'un civil de taille moyenne, de figure glabre et fatiguée, aux cheveux blonds et rares, à la moustache en brosse à dents usagée, aux yeux d'un vert pâle, immenses pour sa face plutôt rétrécie, des yeux de chat-tigre. Le mon-

sieur a l'air suffisant et prend le facies féroce.
Je connais cette silhouette répugnante ; elle
traîne fréquemment depuis quelque temps dans
divers cafés de Lille, cherchant la fille de joie
complaisante ou le mauvais coup à faire ; je l'ai
vue à la Paix, chez Pappart, ailleurs encore.

« Asseyez-vous... me crie-t-il ; pas un mot ;
répondez par oui ou par non à mes questions.
Vous avez compris ?

— .....

— Vous avez compris ? hurle-t-il.

— Je ne suis pas sourd.

— Taisez-vous.

— Il faut bien que...

— La ferme ! »

Et l'interrogatoire continue à coups de gueule,
avec de grands gestes menaçants ; toute la stupide comédie de l'intimidation, jouée par un
mauvais psychologue boche.

Quel plaisir j'ai à rouler ce pauvre cabotin !

....

... Je termine mon repas interrompu par ce
long intermède. Puis promenade et réflexions.

Le policier qui joue au juge d'instruction
n'est pas fort ; en outre, il sait peu de choses,
quoiqu'il m'ait orgueilleusement déclaré ;

« Inutile de nier ; on ne me roule pas. Nous savons tout ; nous avons tous les papiers de Jacquet et de Deconinck ».

Blagueur ! Ces papiers, je les ai tenus hier encore, et là où ils ont été garés, les boches ne les auront pas. Pour mon compte, Meier sait que j'ai participé à l'évasion de deux médecins. Sont-ils passés ? Sont-ils pris ? Meier sait encore que je connais Jacquet ; il m'eût été difficile de le nier, aussi l'ai-je reconnu sans difficulté.

Je vais écrire, à l'usage de ces messieurs, qui ne manqueront pas de s'en emparer, mon journal de prison. Parmi les notes que je rédige au cours de mon travail, je glisse quelques feuilles contenant mes impressions de cellule, mon examen de conscience, mes dernières volontés, quelques aveux soigneusement choisis pour me compromettre assez bien et ne compromettre que moi ; j'entrelarde ce plat savamment cuisiné de quelques injures volontairement maladroites et de quelques hésitations calculées. Je cache ces feuilles dans mon gros bouquin.

Du bruit sur le chemin de ronde. Quatre soldats, baïonnette au canon, — oh ! les sales têtes ! — entraînent brutalement Jacquet qui se débat. Qu'est-ce que cela veut dire ? Va-t-on le fusiller, comme cela, tout de suite ? Et alors, moi, à quand mon tour ? J'ai beau avoir pris mes dispositions pour toutes les suites prévues, définitives ou judiciaires, j'éprouve une certaine difficulté à me remettre au travail. Ma porte jetée hors de ses gonds par une poigne sauvage claque contre le vieux poële qui chancelle sous le choc. Quatre soldats hirsutes, — bon Dieu ! qu'ils sont laids ! — se jettent sur moi, hurlent et s'agitent, m'ensachent dans mon veston. Max Rosenbaum, le jeune embusqué du bureau, bondit sur ma table, rafle bouquin et papiers et s'enfuit avec sa proie. Ça va bien ! Jakob Meier va déguster mes mémoires. Je réclame mon livre, je réclame surtout mes papiers avec une énergie qui ne laisse aucun doute sur leur valeur à mes yeux. Le tour est joué ; et si l'on nous juge vraiment, ma défense est en bonne voie.

Le moment est mal venu toutefois pour caresser encore cet espoir. La façon dont Jacquet vient d'être enlevé, la façon dont on m'enlève moi-même, me portent à croire que la manière forte va être employée et que le dénouement approche.

Adieu, Arthur, adieu, Maurice, adieu mes frères rats. Ils ont disparu dans quelque trou, et plus heureux que moi, ils continueront à vivre dans cette pauvre cellule, où je commençais à m'habituer et où je comptais mener une existence paisible jusqu'à l'heure de mon transport probable vers une forteresse allemande.

Et voilà qu'au milieu de l'escalier, où l'on me pousse à coups de crosse, on me fait faire demi-tour, remonter en hâte et prendre mon sac contenant du linge et des provisions.

Alors, alors quoi ? Serait-ce du chiqué ? Et toute cette brutalité apparente, les cris, les coups, jusqu'aux muffles de l'escorte qu'on dirait choisis par un habile metteur en scène, tout cela ne ferait-il pas partie d'un programme destiné à nous intimider ? Et j'achève ma descente sous les rires insultants des embusqués du bureau qui nous injurient et nous crient : « Kapout ! »

.... »

V

L'ÉPOUVANTAIL

Toute la matinée de ce dimanche, le policier Meier avait procédé à des interrogatoires dans le genre de celui que j'avais subi, menés avec la même vitesse, la même incohérence, la même bêtise, avec cette psychologie rudimentaire des Germains, qui ont le culte de la force et croient que seule la terreur est féconde. Tour à tour Meier jetait les questions au hasard, comme des dés, jurait, tempêtait, menaçait, entremêlant ses phrases de mots d'argot, toujours les mêmes, qu'il employait à tort et à travers d'un petit air satisfait, avec l'intention évidente de faire valoir sa connaissance de la langue française. A la suite de ces interrogatoires, Mlle Jacquet fut relâchée vers midi ; et ceci est une bonne action à inscrire au compte de Meier, quels que soient les motifs qui l'aient dictée.

Dans la cour de la prison de la citadelle, se trouvèrent ainsi réunis Jacquet, Mme Fourmentrau, Baratte et moi. Puis vinrent Boufflers, arrêté aussi la veille, et Delfosse, arrêté le jour même. Maertens, amené de la ville peu de temps auparavant, était gardé par deux sentinelles dans un angle de la cour.

Boufflers Emile, briquetier à Hermies, soldat au 5e territorial, malade après le bombardement, fut recueilli, caché et soigné par Jacquet. Resté chez ce dernier comme homme de confiance, inscrit sous le numéro 126, il devint un des plus fidèles et des plus dévoués collaborateurs de Jacquet et rendit ainsi des services énormes. Il avait été arrêté le 10 juillet sur la dénonciation de Richard, au cours de la perquisition chez Jacquet.

Delfosse Grégoire, contremaître aux ateliers d'Hellemmes, était un des plus actifs payeurs de l'organisation ; il était inscrit sous le N° 335 ; dénoncé par Richard, qui était dans son secteur, Delfosse fut arrêté le dimanche 11 juillet 1915.

Maertens, négociant en soieries à Lille et à

Paris, s'était offert en février 1915, comme
payeur général en remplacement de Leroy,
dont la tête avait été mise à prix. Ce n'était
pas une sinécure et ce n'était pas sans danger.
Il s'occupait activement des vêtements, des souliers, des bons alimentaires, du paiement des
soldes, etc. Il logeait à l'occasion des soldats
momentanément sans asile; il logea ainsi le
sergent belge Habay. Son nom figurait sur le
journal de l'aviateur anglais Mapplebeck, comme
l'ayant accompagné jusqu'à Tourcoing, avec
Jacquet et sa fille. Richard joua son rôle dans
l'arrestation de Maertens, qui eut lieu le dimanche 11 juillet 1915, un peu après midi. Il y avait
ainsi sept prisonniers rassemblés dans la cour
de la prison de la citadelle de Lille le 11 juillet
vers quatre heures du soir.

Un officier allemand, court et gras, disposa
le cortège : en tête Maertens entre deux soldats
armés, puis Madame Fourmentrau, encadrée
de même, puis Bardou, Jacquet, Delfosse, Boufflers et Baratte, pareillement gardés. Pendant
qu'on les entraînait le long des fossés de la citadelle, Jacquet put s'approcher de moi, et
me parler :

« Je crois que c'est la fin, me dit-il ; je te

confie ma femme et mes enfants. J'espère que la nation saura faire son devoir.

— Rien à faire, mon pauvre vieux, lui répondis-je ; nous prenons le même bateau. Mais je crois que c'est du chiqué.

— Toi, tu vas t'en tirer ; on n'a rien trouvé contre toi. Surtout, funérailles civiles. Je compte sur toi ».

Après cette promenade ridicule, destinée à nous émouvoir, nous fûmes conduits à la poterne, où un soldat de garde, me reconnaissant, car je lui avais fait un pansement quelque temps auparavant, me souffla : « Antwerpen ». Nous fûmes en effet conduits à la gare par des rues peu fréquentées et à une allure accélérée. Il était près de cinq heures du soir, et, la ville étant punie, les promeneurs du dimanche se hâtaient vers leurs demeures. Un général allemand nous voyant passer, rue Lepelletier, rectifia la position pour nous saluer. Quelques passants, reconnaissant l'un quelconque d'entre nous, leur firent des signes d'adieu. Tous furent immédiatement arrêtés par les nombreux policiers civils et militaires qui entouraient notre convoi. Interrogés sévèrement, ils furent d'ailleurs tous relâchés.

A l'arrivée à la gare, Jakob Meier présida à l'installation dans le wagon réservé. Jacquet fut placé avec deux soldats dans un compartiment ; dans le second, Boufflers dans un coin ; Maertens dans le coin opposé sur la même banquette ; moi en face de Maertens, et trois soldats ; dans le troisième, Mme Fourmentrau, Baratte et Delfosse avec deux soldats ; dans le couloir, Meier gesticulant et frénétique. Au départ, Meier déclara : « Attention ! Interdit de se lever, de parler, de manger, de boire, de fumer, de bouger ».

A chaque station, Meier sautait à bas du train, rassemblait les officiers traînant sur le quai, les amenait devant notre wagon et leur faisait un boniment où les mots : grand conseil de guerre, espionnage, quatre têtes, revenaient sans cesse. Tel un employé de la maison Barnum annonçant le prochain passage du cirque. Et je compris alors la conduite de Meier qui, simple sous-officier juif, faisait mousser sa prise afin de monter en grade.

A Bruxelles, le changement de train eut lieu sous la garde supplémentaire d'une escouade de gendarmes, commandée par un vieux capitaine.

Ce voyage pénible dura de cinq heures à minuit. Je trouve dans mon journal les quelques notes suivantes :

11 juillet 1915.

..... Nous sommes arrivés enfin à Anvers vers minuit. Un vieux petit monsieur en redingote et haut-de-forme, le parapluie à la main, vint nous inviter à descendre ; il avait assez bien l'allure du bourreau moderne qui tient à la fois du bedeau et du notaire ; et c'est d'une voix onctueuse et administrative qu'il nous parlait. Une vingtaine de soldats l'accompagnaient. « Messieurs, dit le petit vieux, je dois vous prévenir que les fusils sont chargés. Ils sont chargés..., oui, ils sont chargés ! » Montrant du bout de son parapluie les hommes armés, il modulait doucement ces quelques mots qui allaient s'éteignant dans un souffle. Et devant la gare on nous inséra dans une voiture cellulaire obscure. N'ayant pas l'habitude, nous ne pûmes ouvrir les compartiments : et nous restâmes courbés dans le couloir : Jacquet au fond assis sur le strapontin destiné habituellement au garde-chiourme, moi sur ses genoux, et par terre, devant, Maertens et Baratte. Là pendant le trajet d'au moins vingt minutes qui nous séparait de la prison, nous pûmes causer longuement, éclaircir certains points douteux, et nous rendre compte de l'origine des arrestations. Jacquet avait aperçu en cours de route, sur le quai d'une gare entre Tournai et Bruxelles, Ath ou Enghien, le traître Richard, qui avait la veille joué un rôle dans les opérations policières. Nous nous mîmes d'accord pour notre défense et pour les interrogatoires futurs.

Parvenus à la prison, nous fûmes minutieusement fouillés, dépouillés de tout et mis en cellule.

VI

L'AVENTURE DE L'AVIATEUR

La trahison de Richard n'aurait peut-être pas eu des conséquences aussi graves si la justice allemande n'avait pas recueilli certaines notes imprudentes, dont, à défaut d'autres preuves, elle s'est acharnée à tirer parti.

Les policiers allemands, au cours de leurs arrestations et de leurs perquisitions, n'ont trouvé, tout à fait par hasard, dans le fauteuil de Deconinck, que les trois documents suivants :

Quelques anciens carnets de paye, datant d'avril ;

Un cahier de notes de Mlle Jacquet, de la même époque ;

Et le journal de l'aviateur anglais Mapplebeck.

Qu'était-ce que cet aviateur?

Voici l'aventure de l'aviateur, telle qu'elle me fut racontée par Godfroid, un soir de veille, à la prison civile de Lille, dans cette bonne chambre, qui était la cellule des condamnés à mort de droit commun, et où nous passâmes les meilleures heures de notre longue détention.

« En mars 1915, j'avais été chargé de relever différentes pièces d'artillerie que les boches avaient placées aux environs de Lille. Ma mission consistait à situer les canons installés entre le château Descamps, à Wattignies, et le réservoir des eaux d'Emmerin, en passant par Houplin. Or, le 11 de ce mois, deux avions anglais vinrent, vers quatre heures et demie du matin, nous rendre visite et bombarder le poste de T. S. F. de l'église Saint-Martin d'Esquermes, près de ma maison. L'un d'eux, à la suite d'une panne, s'abattit à l'Arbrisseau, dans mon « secteur de travail ».

Je partis aussitôt pour Wattignies. Chemin faisant, j'aperçus des affiches écrites à la main et apposées à chaque coin de rue et à la porte des estaminets. Cette affiche, qui ne tarda pas à être remplacée par une affiche imprimée, était ainsi conçue :

AVIS

DEUX AVIATEURS ANGLAIS, descendus le 11 mars dans le faubourg Sud des Postes, ont pu jusqu'à présent se tenir cachés.

La personne qui cachera ou aidera à cacher les aviateurs sera condamnée à la peine de mort et fusillée, et quiconque pourra nous donner des renseignements recevra une récompense en proportion des indications qui nous seront fournies.

Signalement : taille, 1 m. 70 environ ; paletot de cuir noir ; pas d'armes ni d'autres effets d'équipement.

Le Gouverneur.

J'arrivai chez M. Rochart, entrepreneur de battage, à qui je voulais demander quelques renseignements, et, de suite, la conversation s'engagea sur l'atterrissage des aviateurs anglais.

« Nous savons où il est, car il n'y en a qu'un. » me dit une demoiselle Rochart. Après quelques hésitations, on me déclara que la cachette de l'aviateur ne pouvait être dévoilée que par le percepteur, M. De Prat. Ce dernier avait, en effet, prié M. Rochart de ne rien révéler à personne. J'allai le trouver.

« On vient de m'affirmer que vous saviez où est l'aviateur anglais, lui dis-je ; vous allez me confier cet homme ; je le ferai rentrer dans Lille ; car vous comprenez qu'il est beaucoup moins en sûreté ici. »

Je lui expliquai mon plan ; j'avais deux laissez-passer et j'espérais pouvoir en tirer parti avec un peu d'adresse et de chance. De Prat me conduisit alors au hameau de Flesquières. C'est là que se trouvait l'aviateur, caché dans une maisonnette inhabitée, voisine d'une ferme. Pendant que De Prat allait prévenir l'officier anglais, j'entrai dans la ferme à la recherche de vêtements civils. De Prat revint me dire de ne pas insister ; l'aviateur pensait, à la faveur de la nuit, traverser les lignes ennemies et reprendre sa place de combat. Il me suffit de raconter ce que j'avais vu sur ma route, les cyclistes, les patrouilles, pour le persuader de la vanité de ce projet. Enfin, l'Anglais s'inclina devant mes arguments et, aidé de la fermière et de ses filles, il revêtit des habits civils et sortit de son refuge. A la vue de ce gaillard d'une taille de 1 mètre 92, étriqué dans des vêtements trop courts et mal ajustés, je me rendis compte que ma mission allait être difficile à remplir, et que dissimuler un pareil compagnon aux regards inquisiteurs que nous ne manquerions pas de rencontrer ne serait pas une tâche aisée. Mais il n'était plus temps de reculer.

Nous prîmes congé des voisins et de De Prat et nous nous dirigeâmes vers l'Amiteuse, précédés du garde Vandekerkove. A peine avions-nous fait trois cents mètres qu'une patrouille de trois cyclistes nous croisa et passa sans nous adresser la parole. Quelques minutes après, une seconde patrouille de trois fantassins s'avançait sur notre droite; nous nous cachâmes derrière une maison. A l'Amiteuse, nous entrâmes au café; un poste d'hommes de garde l'occupait. Heureusement, le tramway ne tarda pas. En cours de route, une auto garnie de quatre officiers fit ralentir le tramway pour s'assurer qu'il ne contenait aucun voyageur suspect. Par une chance extraordinaire, leur examen se borna à un coup d'œil hâtif jeté dans l'intérieur de la voiture, sans qu'ils prissent même la peine de descendre de leur auto. Nous étions sur la plate-forme d'avant, bien en vue, et notre présence n'attira pas l'attention de nos inspecteurs.

Au passage à niveau du faubourg d'Arras, les voyageurs devaient changer de voiture et traverser les voies ferrées. Je profitai de ce transbordement pour donner à mon compagnon quelques indications sur la façon dont il devrait présenter son laissez-passer aux boches. Le risque est assez grand, car ce laissez-passer est muni de la photographie et du signalement d'un homme de cinquante ans, haut de 1 mètre 62, et son porteur a vingt-deux ans et 1 mètre 92.

À la porte d'Arras, un soldat boche monta dans le tramway; au moment où il allait vérifier le laissez-passer de l'aviateur, je détournai son attention par une plaisanterie adressée au Juge de paix de Seclin, M. Spriet, qui était assis près de la porte. Puis, sept soldats montèrent dans la voiture. Le receveur étant venu percevoir un supplément de parcours, l'Anglais donna une pièce d'un franc neuve. Cette particularité éveilla de suite la curiosité d'un des boches, un petit barbu, qui ne cessa, durant tout le trajet, de dévisager mon compagnon. Au boulevard Victor-Hugo, où nous devions changer de ligne, la présence d'une patrouille me décida à continuer par le car L jusqu'à l'église Saint-Michel, où nous descendîmes rapidement. Le boche barbu nous suivit avec deux soldats. Au coin de la rue Manuel et de la rue Henri-Kolb, nous entrâmes chez mon beau-frère, Louis Pottier, pour en sortir presque immédiatement par l'autre issue. Nos suiveurs avaient perdu notre piste. Peu de temps après, nous arrivions sans encombre devant mon habitation. Un nouvel incident nous y attendait : j'avais bien la clef, mais ma femme était sortie, emportant la poignée de la porte du magasin. Grâce à la poignée de porte d'un voisin, je pus enfin entrer chez moi. Il était temps, car il était alors interdit de circuler après cinq heures du soir.

Après un repas pris sans grand appétit et une nuit un peu tourmentée, je fis prévenir M. Walker, mon voisin, consul d'Angleterre, qui se mit à notre disposition et fit avertir Jacquet par son ingénieur, M. Vannelle. A onze heures du matin, Jacquet venait chercher l'aviateur anglais Mapplebeck, l'emmenait chez lui et lui trouvait successivement d'autres domiciles plus sûrs, en particulier 66, rue Jacquemars-

Giélée. De Prat ayant renvoyé l'uniforme de Mapplebeck chez sa belle-sœur, Mᵐᵉ Lucien Picavet, rue Louis-Faure, j'allai le chercher là pour le mettre à l'abri et je le portai plus tard rue Jacquemars-Giélée en allant faire mes adieux à l'aviateur avec M. Vannelle.

Mapplebeck quitta Lille le 28 mars 1915, conduit par le guide Sylvère Verhulst, avec le sergent belge Habay. Jacquet, sa fille aînée et Maertens les accompagnèrent jusqu'à Tourcoing.

Pendant longtemps, l'aviateur anglais vint tous les soirs planer au-dessus de la ville, dessiner un huit de chiffre au-dessus de la place de la République, pour remercier les Lillois qui l'avaient abrité.

Au cours de ces visites, il n'oublia pas le gouverneur de Lille, von Heinrich, et lui envoya du haut des airs la lettre suivante, enfermée dans une cassette pavoisée d'une longue flamme tricolore :

« 22 avril 1915.

» *A Monsieur le Commandant des forces allemandes de Lille*

» Le lieutenant Mapplebeck présente ses res-

pects au Commandant des forces allemandes de
Lille et a le regret de n'avoir pu faire sa connaissance pendant son doux séjour passé près
de lui.

» Mapplebeck. »

Le lieutenant Mapplebeck s'est tué accidentel-
lement au cours d'un vol d'expérience en Angleterre le 24 août 1915.

Mapplebeck avait écrit pendant son séjour à
Lille un journal de son aventure, dans lequel
il relatait les faits avec beaucoup de précision.
Il le remit à Jacquet lorsque celui-ci le quitta à
Tourcoing et le pria de le continuer, pour le lui
rendre après la guerre. Jacquet, prudemment,
ne se conforma pas au désir de l'aviateur et
confia ce journal, tel qu'il était, à Deconinck,
qui avait, disait-il, une cachette sûre. Deconinck
glissa dans la bourre d'un fauteuil le journal de
Mapplebeck, un cahier de notes journalières de
Mlle Jacquet, que celle-ci lui donna à l'insu de
son père, et les carnets de paye achevés à cette
époque, fin mars. »

Cette cachette fut malheureusement décou-
verte par les Allemands, à la suite d'un malen-
contreux concours de circonstances. Et c'est ce

journal seul qui a permis au gouverneur de Lille, heureux de posséder enfin une arme pour sa vengeance, de tirer parti de la trahison de Richard et des dénonciations antérieures, et de laver dans le sang de quatre bons patriotes l'affront que lui avait fait Mapplebeck.

VII

LES GUIDES DE BELGIQUE

Richard avait livré les noms des organisateurs lillois qu'il connaissait ; il avait, en outre, indiqué le chemin suivi par les convois et il avait désigné les guides et les lieux d'étape.

Après l'arrestation des Lillois et du convoi conduit par Verhulst, la police d'Anvers, accompagnée de Richard, suivit la route tracée et s'empara ainsi, le 14 juillet, à Gand, « A la ville d'Audenarde », de Deconinck, qu'elle avait manqué à Lille, et de William Forrest ; un de leurs compagnons, un jeune homme de Lille, qui fut pris plus tard sous le faux nom de Peperstraet et fut envoyé en Allemagne après deux mois de prison, eut la chance, ce jour-là, d'être sorti du café au moment voulu.

Du même convoi, deux autres, Deligny, d'Hellemmes, et un soldat d'Halluin, réussirent à passer en Hollande.

Le même jour, dans la soirée, les détectives et Richard se rendirent à Olsene, chez le guide Léon Vestens, au « Café Moderne ». Après avoir bouclé les issues, ils montèrent au premier, et Richard, ayant pénétré dans la chambre de Léon, le désigna aux policiers en disant : « C'est Léon Vestens, le guide des Lillois.. »

Gaston Lécuyer, guide de Lille, y fut également arrêté, ainsi qu'une jeune fille de Tourcoing, Julienne X..., messagère du groupe de Tourcoing.

Le 15 juillet, à Oostacker, bourg très surveillé, Julien Van Heuverzwyn tomba également, un peu par hasard, dans les mains de la même police, encore avec la collaboration active de Richard, qui se présenta le premier à Julien en lui demandant s'il n'était pas le guide Georges et s'il ne pourrait pas lui faire passer la frontière.

Deconinck, Ernest, représentant de commerce à Armentières, sergent au 5e territorial, avait été proposé pour sous-lieutenant le 5 octobre 1914 à la suite de sa conduite héroïque dans les combats autour de Tournai. Cette proposition, envoyée à Calais, n'a pu recevoir de réponse, la compagnie de Deconinck ayant été prise à Lille. Deconinck a participé à la défense de Lille les 9, 10, 11 et 12 octobre 1914. Il défendait la porte de Dunkerque, où il a fait le coup de feu plusieurs heures encore après la reddition de la place.

Caché dans Lille sous des vêtements civils, Deconinck s'est mis à la disposition de Jacquet pour organiser les secours aux militaires cachés comme lui. Il a rempli ses fonctions avec beaucoup de zèle, de courage et d'énergie. Il est passé plusieurs fois en Hollande, allant à Flessingue porter tous les renseignements utiles, allant même à Folkestone. Il a rapporté de là les instructions du Gouvernement français concernant les soldats et mobilisables français demeurés en pays occupé. C'est lui qui a rapporté également l'ordre de les faire passer en France et la lettre de crédit nécessaire. C'est encore lui qui a su trouver en Belgique et à Lille les agents indispensables pour servir de guides, de logeurs en cours de route, etc.

William Forrest, ingénieur anglais, habitant Hellemmes-Lille, partait en Angleterre pour s'engager dans l'armée anglaise.

Léon Vestens, d'Olsene (Flandre orientale), connaissait parfaitement le pays et ne parlait guère que le flamand. Après avoir longtemps prêté sa maison comme refuge aux hommes qui avaient besoin de se cacher, il fit fonction de guide, surtout de Gand à Lille. Le lendemain de son arrestation, les policiers anversois, accompagnés de Richard, revinrent chez lui, et Richard proposa à sa sœur la mise en liberté de Léon s'il consentait à livrer tout ce qu'il savait, tant sur le « Comité » de Lille que sur les choses de Belgique.

Gaston Lécuyer, brocanteur à Lille, faisait, depuis l'occupation de la ville, du ravitaillement avec la Belgique et en profitait pour guider des hommes désireux de s'évader. Il opérait, tantôt à son compte, tantôt pour le compte de Jacquet. C'est par hasard qu'il se trouvait à Olsene le soir du 14 juillet.

Julien Van Heuverzwyn, directeur du moulinage à l'usine La Viscose, à Givet, originaire de Roubaix, avait été réformé au corps à Lille en août 1914 et renvoyé à Givet. Il y arriva au moment de la retraite des troupes françaises, suivit. le 148e de ligne et se réfugia dans le bois de Gochenée avec un certain nombre de soldats de ce régiment. Après quelques jours, il partit pour Gosselies, puis pour Charleroi et Bruxelles, où il séjourna quelque temps, faute de pouvoir passer. Il partit le 10 octobre vers Sottegem, traversa les lignes et fut arrêté par la garde civique sur la chaussée de Bruxelles, entre Melle et Gand. Incarcéré à la prison de Gand, il y fut oublié (?) par le personnel militaire en fuite. Les Allemands l'y conservèrent un certain temps, puis il parvint adroitement à se faire libérer. Connaissant bien la région et le flamand, il ne tarda pas à s'occuper du passage des hommes, avec l'aide de Maurice Migom, brasseur à Oostaker, qui fut le plus dévoué des logeurs; il avait organisé un service très sérieux avec six guides principaux et d'autres guides occasionnels. C'est fin avril 1915 qu'il entra en relation avec Deconinck. Van Heuverzwyn fit passer d'avril à juillet 1915 un grand nombre d'hommes.

Il contrôlait soigneusement les passages, veillait à la conduite de ses aides et ne négligeait aucune précaution. Au printemps 1915, un des convois de Lille fut attaqué à la frontière hollandaise par des sentinelles allemandes. L'ingénieur Buchon, de Valenciennes, fut tué; il était porteur d'une canne creuse contenant des documents militaires. C'est l'un des meilleurs guides de Van Heuverzwyn qui, sur ses indications, réussit à sauver la canne creuse et à la mettre en lieu sûr.

Deconinck, Forrest, Vestens, Lécuyer et Van Heuverzwyn furent écroués d'abord à Gand, puis conduits à la prison cellulaire d'Anvers, où se trouvaient déjà Jacquet et ses complices de Lille.

VIII

LES DERNIÈRES ARRESTATIONS
A LILLE

La trahison de Richard continuait à porter ses fruits.

Le journal de l'aviateur anglais Mapplebeck contenait, outre les noms de Jacquet, Geneviève Jacquet, Deconinck, Maertens et Verhulst, diverses indications utilisables. Mapplebeck y contait, avec un grand luxe de détails, son atterrissage à la Croix-de-Pierre, à Wattignies, comment il s'était caché dans une maison abandonnée, où De Prat et Godfroid vinrent le chercher et lui fournir des vêtements civils. Il narrait sa rentrée dans Lille, conduit par Godfroid, et les incidents de la route ; il décrivait la maison de Godfroid, où il reçut l'hospitalité la première nuit. Heureusement, ignorant ou ayant oublié leurs noms, il désignait De Prat sous la formule : « the P. of W. » ; et son portrait de Godfroid : « un monsieur petit, âgé de 50 ans, » manquait de précision.

Le journal de Geneviève Jacquet contenait probablement les noms de De Prat et certainement les noms de Dumont et de Vandenbosch.

Les déclarations de Richard et quelques adresses trouvées dans les vieux carnets de paye cachés dans le fauteuil de Deconinck, avec le journal de Mapplebeck et le cahier de Geneviève Jacquet, déterminèrent les dernières arrestations.

Le 13 juillet 1915, René De Prat était arrêté probablement par des agents de la police locale. René De Prat, percepteur à Wattignies, ancien adjudant de la mission Marchand, était accusé d'avoir caché l'aviateur anglais Mapplebeck lors de son atterrissage forcé à Wattignies. Le rôle de De Prat s'est borné d'ailleurs à assurer la discrétion sur la cachette temporaire de Mapplebeck au hameau de Flesquières, à y conduire ce même jour Godfroid et à lui trouver des vêtements civils.

Paul Lefebvre était arrêté le 16 juillet à Hellemmes-lez-Lille ; directeur de l'usine où William Forrest était ingénieur, il fut soupçonné d'avoir collaboré, au moins pécuniairement, à sa tentative d'évasion.

Le même jour, dans la nuit, Vandenbosch était enlevé à son usine de Canteleu-lez-Lille. Vandenbosch, Jean, ingénieur civil, filateur à Wambrechies et à Canteleu, très actif et très entreprenant, a joué un rôle important dans la réorganisation de Lille, après le 24 août, pour le déménagement des munitions, des équipements et des armes abandonnés dans les casernes, la citadelle, l'arsenal et les forts de la place de Lille, et pour leur expédition à Dunkerque.

Plus tard, Vandenbosch s'est mis à la disposition de Jacquet pour lui fournir tous les renseignements intéressants à destination des armées alliées. Il connaissait, comme pilote de ballon, admirablement la topographie de la région. Il avait tout un service d'informations bien organisé, composé d'hommes sûrs et dévoués.

Le 18 juillet, c'était au tour de Bourriez, Ferdinand, père de Robert, qui avait été pris, le -7 juillet, à la frontière hollandaise, avec le convoi de Richard. Bourriez père avait été dénoncé par Richard, qui le connaissait bien et le fréquentait beaucoup pendant son séjour à Lille avant son départ manqué.

Enfin, la police allemande termina la série de ceux qu'elle considérait comme les principaux coupables, par Dumont René, de la Madeleine-lez-Lille, qui était en relation d'affaires quotidiennes avec Jacquet, dont il était le commensal assidu.

De Prat, Vandenbosch, Lefebvre, Bourriez et Dumont furent emmenés à leur tour à la prison cellulaire d'Anvers le 19 juillet.

Restait la longue liste des carnets de paye, qui, quoiqu'anciens, d'avril au plus tard, contenaient encore, sous des numéros volontairement faux, quelques noms de rues utilisables ; car c'est presque toujours dans les mêmes quartiers que l'on trouva les dévouements nécessaires au bon fonctionnement de l'Œuvre.

Le 26 juillet 1915, la police allemande de Lille procéda à une vaste opération, avec le concours de la troupe.

Les quartiers suspects furent cernés dès la fin de la nuit, et plus de deux cents personnes furent enlevées à la Citadelle : femmes et vieil-

lards soupçonnés d'avoir donné asile à des soldats, hommes d'apparence mobilisable et leurs
logeurs ou logeuses.

Indépendamment de cette rafle de grande
envergure, la police d'Anvers se décida à arrêter
Godfroid, sur qui planaient les plus graves soupçons. Godfroid, consigné depuis une dizaine de
jours, fut emmené à la Citadelle de Lille le
28 juillet.

IX

LES POLICIERS D'ANVERS

Toute l'affaire Jacquet repose sur l'action de deux détectives de la police allemande d'Anvers ; Meier et Schmidt furent servis dans leur chasse aux soldats par le hasard qui leur livra un triste individu, au cœur lâche, à l'esprit perverti ; ils cherchèrent à exploiter l'événement pour en tirer une promotion probable et une récompense assurée.

Ni l'un ni l'autre n'étaient policiers de métier. Aussi apportèrent-ils à l'exercice de leur profession momentanée une fantaise déconcertante, qui leur permit d'obtenir des résultats imprévus, mais qui en revanche leur fit commettre de lourdes fautes.

Si l'un et l'autre n'avaient pas été dominés

par cet insupportable orgueil de race qui débordait de tous leurs actes, de toutes leurs paroles, peut-être auraient-ils mieux réussi? En outre, on ne peut nier qu'à part des accès de colère feinte qui faisaient partie de leur naïf système d'intimidation, commun à tous les Allemands, ils n'étaient pas inaccessibles à des sentiments plus doux, plus humains, et qu'ils firent preuve parfois d'une modération relative.

Jakob Meier, agent de publicité à la « Gazette de Cologne », mobilisé comme sous-officier, était détective à la police militaire d'Anvers. Il caressait l'espoir de passer officier, malgré sa religion, qui était un obstacle à la réalisation de son désir, dans l'armée allemande ; car Meier est juif.

Meier a opéré comme détective à Anvers, à Gand et à Lille jusqu'à fin septembre 1915, avec quelques absences. Il semble avoir disparu de la région entre l'affaire Jacquet (juillet-septembre 1915) et l'affaire Trulin (octobre-novembre 1915). Disgrâce? en tout cas, déplacement.

C'est Meier, aidé de Schmidt, qui a découvert l'affaire Jacquet. Il était depuis longtemps sur la piste des guides de Gand et de Lille pour la Hollande. Le hasard complice fit tomber entre ses mains le 7 juillet 1915, parmi un groupe d'évadés, un soi-disant soldat français, Louis Richard, qui « mangea le morceau ». Grâce aux indications de ce traître, Meier put arrêter les convois suivants, les guides, les hôtes de passage et la plupart des organisateurs lillois.

Cette affaire devait être jugée à Anvers où avaient été enfermés les hommes arrêtés en Belgique et où avaient été conduits les Lillois arrêtés sur les dénonciations de Richard et à la suite de la trouvaille à Lille, dans le fauteuil de Deconinck, du journal de l'aviateur anglais Mapplebeck et du cahier de Mademoiselle Jacquet. Le gouverneur de Lille, Von Heinrich, arguant du cas Mapplebeck et de l'origine lilloise de la plupart des prisonniers contre lesquels il possédait déjà des accusations par suite des dénonciations antérieures, obtint de Berlin que le procès eût lieu à Lille. Meier, qui avait fondé sur cette affaire les plus grandes espérances et qui comptait même passer officier, vit s'évanouir ses rêves ; et il se refusa personnellement, dans la mesure du possible, à collaborer plus avant dans les enquêtes en cours. De fait, Meier ne livra pas toutes les pièces à l'instruction lilloise ; et on ne le vit plus à Lille que comme témoin aux audiences du procès Jacquet, où d'ailleurs ce fut Schmidt qui parut prendre la direction des opérations policières. Meier ne parut plus à Lille après le 17 septembre. Quand au mois d'octobre, furent jugés encore des complices de Jacquet, Schmidt seul assista au procès.

Appelé à exercer ses talents dans une autre région, Meier joua en Suisse, au cours de l'année 1916, un rôle assez important dans les œuvres allemandes d'espionnage.

La Suisse fut pendant la guerre le paradis des espions. Placée au nœud des chaînes de montagnes de l'Europe occidentale, au berceau de tous les grands fleuves, dominant du haut de ses glaciers tous les océans du Nord au Midi, jouissant d'une constitution politique qui respecte depuis plusieurs siècles le contrat librement consenti entre des peuples de races, de langues, de religions différentes et antagonistes, la Suisse demeure le pays de la liberté.

Et la liberté ne va point sans quelque licence. Si, grâce aux solides qualités de ses habitants, la Suisse ne souffre pas par elle-même des exagérations de la liberté, l'élément étranger abuse parfois singulièrement et de son hospitalité et de ses lois patriarcales.

Depuis longtemps, l'Allemagne exploitant les affinités de race, de religion et de langue qui l'apparentent à la majorité des cantons suisses, avait essayé sans grand succès ses facultés d'absorption sur ce noble petit pays. Cependant la Kultur largement distribuée à l'élite de la bourgeoisie alémanique avait fini par créer en Suisse même, autour du pouvoir central dont elle possédait quelques organes importants, un parti si nettement pro-allemand qu'un certain malaise régnait dès avant la guerre entre les deux rives de la Sarine.

Aussi l'Allemagne avait beau jeu au début de la guerre, et lorsque ses puissantes armées violèrent délibérément la Belgique, peu de voix osèrent s'élever en Suisse, pays neutre, volontairement neutre, qui avait placé sa neutralité sous la garantie des mêmes puissances qui avaient imposé la neutralité à la Belgique, peu de citoyens se dressèrent, pour protester contre un sort qui faillit être celui de leur propre pays.

Parmi ces sympathies plus ou moins ouvertement offertes comme un nid tout fait pour cet oiseau monstrueux, l'aigle allemand prépara sa couvée. Avec ses méthodes accoutumées, l'Allemagne installa à Berne comme centre et rayonnant sur toute la Suisse alémanique, romande et tessinoise, le plus merveilleux des organismes d'espionnage. Autour de l'ambassade de Berne, étaient groupés des bureaux nombreux, avec un personnel considérable et des ressources énormes ; toutes les branches étaient consciencieusement exploitées :

Espionnage contre la France, avec envoi de messagers à Paris et à Nice surtout ;

Espionnage contre l'Italie, avec Locarno comme centre spécial ;

Espionnage contre la Suisse elle-même, avec des collaborateurs dans toutes les Administrations fédérales, qui livraient à l'Allemagne les plans des travaux militaires suisses, qui dépouillaient les correspondances, qui participaient au ravitaillement ;

Propagande anti-française, menée avec le concours de nombreux fonctionnaires, visiblement protégés par certains conseillers fédéraux, comme Hofman et d'autres, et par certains officiers supérieurs, comme les colonels Egli et de Wattenwyl, comme le général Wille lui-même, celui que les Suisses appellent Wille-Bismarck ;

Propagande germanophile avec l'aide effective de pasteurs, de curés, d'instituteurs, de bourgmestres ;

Emprise économique par l'achat d'usines, l'avance de capitaux, la transformation de vieilles firmes suisses en firmes anonymes où l'élément allemand dominait ; organisation du ravitaillement par l'accaparement clandestin des denrées et leur expédition en auto, de Lucerne en particulier ;

Manœuvres diplomatiques conduites avec une grande habileté par le prince de Bulow, qui séjournait fréquemment à l'Hôtel National, à Lucerne ;

Conférences, Expositions artistiques et commerciales ;

Et la Presse ! même de langue française, achetée plus ou moins complètement et collaborant activement à l'œuvre allemande.

Meier, après avoir quitté la Flandre, se trouva mêlé à ces opérations, et il fit sa part dans ces travaux gigantesques. Il a été signalé en février 1916 à Frauenfeld (Thurgovie), que sa proximité de Constance et de Romanshorn, en face de Friedrichshafen, sur le lac de Constance, lui avait fait choisir comme centre pour la Suisse.

Peu de temps après mon arrivée en Suisse, comme interné, je retrouvai Meier, le 19 mai 1916, à Locarno, Hôtel du Lac, où il était descendu avec sa femme (?), venant de Rapperswil. Meier s'était rencontré à Locarno avec Mme de Frommel et sa sœur, Mme de Ditmare, agents allemands, qui venaient alors de Lucerne ét qui séjournèrent longuement à Interlaken.

Meier disparut de Locarno quelques heures avant une quadruple arrestation opérée par la police suisse, avec une maladresse insigne, peut-être voulue : l'arrestation de quatre individus qui faisaient de l'espionnage contré l'Italie.

Meier avait paru à Genève, Hôtel Métropole, entre mai et octobre 1916. Enfin, il fut retrouvé encore par moi, le 8 octobre 1916, à Rapperswil (Zurich), où il venait souvent. Il y a à Rapperswil une importante colonie polonaise, constituée par des Polonais patriotes et autour desquels papillonnent de louches individus et de nombreux agents des Puissances centrales.

Schmidt habitait au Caire avant la guerre ; il était manager à l'Hôtel Sheepheards et parfois à son annexe, à la Première Cataracte. Il se vantait d'y avoir fort bien connu Lord Kitchener.

Détective à la police militaire d'Anvers,

Schmidt a participé aux arrestations de Jacquet et de ses complices ; puis il a dirigé l'enquête dans l'affaire de Trulin, de Lille, et de ses camarades.

Il ne semble pas que Meier et Schmidt, malgré de réelles qualités, aient su tirer de l'affaire Jacquet tout ce qu'elle aurait pu leur donner.

Les maladresses qu'ils ont commises, la pauvreté de leurs déductions, leur manque de flair, en un mot, les ont desservis.

En outre, la puissante rivalité qui séparait les juridictions d'Anvers et de Lille a dressé entre les deux pouvoirs une barrière que n'ont pu franchir complètement les dossiers accumulés de part et d'autre contre la plupart d'entre nous.

X

LES BAGNARDS D'ANVERS

Les policiers d'Anvers avaient rassemblé dans la prison cellulaire de cette ville ceux qu'ils considéraient comme les grands coupables dans l'affaire Jacquet.

Outre les prisonniers du premier convoi : Le Boulba, Marchand, Robert Bourriez, Carpentier, qui avaient été arrêtés avec le traître Richard, et que pour des raisons mal précisées l'on jugea à part à Anvers et avec une mansuétude relative ; outre les cinq Belges, les deux guides et Cloots, les logeurs Meeusen et Bonner, qui furent également jugés à Anvers, mais plus sévèrement traités, la prison d'Anvers retenait dans ses cellules les quatre groupes suivants :

Sylvère Verhulst, Jean Piquet, Gaston Huchard, Ismaël Butez, arrêtés à Anvers le 9 juillet, sur les indications de Richard ;

Eugène Jacquet, Émile Boufflers, Paul Bardou, Jean Baratte, Georges Maertens, Grégoire-Delfosse, amenés de Lille le 11 juillet ; Mᵐᵉ Fourmentrau, venue avec eux et logée d'abord dans le quartier des femmes, ne tarda pas à être évacuée à l'hôpital d'Anvers ;

Ernest Deconinck, William Forrest, Gaston Lécuyer, Léon Vestens, Julien Van Heuverzwyn, amenés de Gand le 16 juillet ;

Jean Vandenbosch, Paul Lefebvre, Ferdinand Bourriez, René Dumont, René De Prat, amenés de Lille le 19 juillet.

Tous étaient logés dans le pavillon Nᵒ 8, les uns au rez-de-chaussée, les autres au troisième étage, tous en cellules séparées, sauf Huchard, que, par erreur, on avait placé avec deux Anversois condamnés à huit jours pour délit de pêche.

La vie en cellule est monotone. Séparé du monde par une porte massive, le prisonnier ne voit au long des jours que la figure désagréable du gardien de service, qui entr'ouvre la porte pour les corvées et le guichet pour la pitance. A peine à l'heure de la promenade voit-il le dos de celui qui le précède dans le lugubre monôme à ras des murs jusqu'aux préaux où il effectue sa promenade quotidienne de trois quarts d'heure de marche. sans arrèts, autour d'un triangle isocèle de sept pas à la base et de quinze sur les côtés. Quelques signes échangés au hasard des rares rencontres; un peu de télégraphie Morse ou alphabétique, sur les tuyaux de vapeur, par lesquels s'échangent tant de messages en langues diverses qu'il est rarement possible de s'entendre.

*
* *

Pour cette période où nous vécûmes séparés, force m'est de donner, à défaut d'autres, mes impressions personnelles et de recourir aux notes de mon Journal :

11 juillet, au soir.

« Une brute épaisse, au cou énorme et aux yeux de veau, m'a emmené, après une fouille minutieuse, au troisième étage, par un étroit escalier de fer.

Poussé comme un paquet dans une cellule exiguë et sombre, j'accroche ma canne, qui ne m'a point quitté, au dossier d'une chaise entrevue dans l'ombre. La brute hurle et bondit sur cette arme dangereuse et interdite, la prend avec précaution et sort, bavant à la fois de colère et de peur.

La porte claque lourdement. Oh! cette porte! monstrueuse, colossale, blindée, bardée de larges clous!

Est-ce la fatigue, la faim, l'énervement ou la vue de cette porte sinistre? J'ai peur.

Non pas peur de la mort, mais peur de l'isolement.

Cette porte me sépare définitivement de la vie; elle me retranche de l'humanité.

À la pâle clarté d'un minuscule papillon, j'entrevois une petite cellule, au mobilier restreint; ses murs m'écrasent: sa porte me donne le frisson.

Dans cette nuit, tout m'effraie.

Alors, comme un enfant rageur qu'on a mis au cabinet noir, parce qu'il n'a pas été sage, je me suis jeté stupidement sur le monstre et je l'ai bourré de coups de pied et de coups de poing.

Et cela résonne lugubrement dans la nuit.

Le guichet s'ouvre; la tête épileptique de mon gardien s'y encadre en aboyant.

Dans la même langue, je l'abreuve d'injures.

Cela va mieux ; j'ai revu la face d'un homme.

Dans le vague des choses, je déplie en tâtonnant un lit de fer, dont je ne m'explique guère le mécanisme.

Tant bien que mal, je parviens à l'étaler.

Il est deux heures du matin.

J'ai faim ; j'ai sommeil.

Il faut dormir, car je ne sais pas ce que me réserve demain.

Et je m'endors sur une paillasse mal dépliée en grignotant une croûte de pain.

*
* *

12 juillet 1915.

Un vieux boche m'éveille. Après plusieurs visites inutiles, il se décide sans méchanceté à me faire lever, et il plie lui-même mon lit.

Je continue sur les dalles mon sommeil interrompu.

Soudain, la porte s'ouvre : « Los ! » me dit Baptiste — c'est ainsi que je l'ai dénommé — et me voilà invité à descendre au rez-de-chaussée.

Là, j'arrive près des bureaux, où un petit

chat botté aux moustaches hérissées fait un appel en écorchant les noms :.

« Baratté... Bardonn... Bouffleurse... Martenns... Delfossé... Jakouett... »

Nous sommes tous là, sauf Jacquet ; le chat botté appelle ensuite toute une série de noms inconnus, auxquels répondent de jeunes apaches anversois. On nous met en ligne contre le mur et nous partons en file jusqu'à la grille d'entrée. Nouvel appel à la porte du bureau belge. Jacquet reste introuvable. J'appris plus tard qu'on l'avait changé de cellule à l'aurore. Et alors, au moment même où je me rendais compte qu'il y avait une erreur, dont nous allions peut-être profiter, un sous-officier bondit du fond du couloir, se jette sur le chat botté, lui arrache les papiers qu'il avait en mains, refait les appels et nous renvoie, nous les Lillois, à nos cellules, et les autres dehors. On avait glissé par erreur notre liste d'entrants dans les listes de sortie ; nous avons failli être mis en liberté.

Remonté en cellule, je me recouche à terre.

Nouvelle alerte : « Los! » On redescend ; longue promenade dans des couloirs interminables jusqu'à l'infirmerie. Nous sommes une trentaine qu'on aligne le long du mur, les manches retroussées jusqu'au coude et les avant-bras allongés. Un jeune médecin, ou mieux un vieux jeune médecin, vieux pour son grade modeste, passe rapidement devant notre rangée et jette un coup d'œil désabusé sur nos mains en pronation et en supination. Cela représente la visite médicale. Le docteur, que nous avons nommé plus tard le Doktor Pemphigus, « Unter-tierarzt », se contente d'examiner si nous avons la gale.

Plus tard, je reçois une visite : c'est ma brute de cette nuit, Arthur. en réalité Karl Seifrit. Je le vois mieux ce matin; il a un regard abruti, un cou d'épileptique : « Kantin ! » clame-t-il.

J'ai vu, pendu au mur, un tableau énumérant les douceurs de la cantine, avec les prix d'achat, qui sont modérés. Je vais m'offrir quelques suppléments.

Je demande du tabac; on m'a confisqué le mien à l'arrivée.

— Verboten !

— De la bière.

— Verboten !

— Du jambon.

— Verboten !

— Un hareng saur.

— Nicht mehr !

Alors je lui sers une épithète un peu... vive, et : « Los ! » à mon tour, je le fiche dehors.

Puis c'est la promenade. J'ai lu sur le règlement affiché dans ma cellule qu'il y a promenade de trois quarts d'heure tous les matins. A cet effet, nous sommes conduits rapidement, sans ralentir, l'un derrière l'autre, dans une sorte de cabine polygonale, où donnent une vingtaine de portes ; chacune de ces portes ouvre sur un triangle de jardin, de 15 pas sur 7 à la base, qui est couverte ; les côtés sont de hauts murs, le fond et le toit sont fermés par des barreaux pour bêtes fauves. C'est là dedans, dans ce quartier de tarté, qu'il faut marcher sans arrêt pendant trois quarts d'heure ; interdit de fumer, de chanter, de parler, de s'arrêter. C'est gai.

La promenade finie, pour la quatrième fois, je me recouche, toujours sur les dalles. Enfin, je dors tranquille jusque midi. Bien reposé, je me réveille à l'arrivée de la soupe. Par le guichet, on remplit une gamelle, une énorme gamelle d'étain, d'une épaisseur étonnante, d'une soupe, purée où le riz domine et où nagent de petits vers roses d'origine inconnue, de nature végétale ? ou animale ? On croirait voir de petits vers intestinaux : c'est la soupe aux ascaris. Quelques morceaux de pommes de terre, un nombre prodigieux de clous de girofle et de feuilles de laurier. L'ensemble est assez appétissant, très propre, très mangeable et très nourrissant.

L'après-midi, pas de sortie, rien au programme avant demain matin. Je procède à l'inspection de ma cellule. Rectangulaire, 3 m. 50 environ sur 2 m. 80, avec à l'un des petits côtés la porte monstrueuse, aux clous énormes, percée d'un guichet carré, orné lui-même d'un petit œilleton, où la sentinelle colle fréquemment son regard ; cette porte que je ne puis encore voir sans frémir ! A l'autre extrémité, en haut, un châssis large s'ouvre à bascule, donnant de l'air.

Comme mobilier, un lit de fer qui se plie en trois sur la literie, et qu'on recouvre d'une planche qui sert de table. Une chaise de bois assez rustique. Dans un angle, creusée dans le mur, une petite armoire renferme un seau, un vieux seau hygiénique d'un modèle antique et d'une noble vétusté : c'est le piss-pott. A la sortie du matin, on doit le descendre dans la cour ; un forçat le vide, le nettoie et le remonte plus tard. Dans un coin à mi-hauteur. une petite armoire triangulaire fermée d'une porte vitrée ; dessus, la gamelle et un gobelet en étain, du même style robuste que la gamelle. Dans l'angle opposé, sur une étagère, une cuvette en fer-blanc et un broc couvert de deux litres pour l'eau potable. Tout cela est d'ailleurs très propre et pratique, sauf le piss-pott.

Un petit bec de gaz permet un éclairage restreint pour les soirées d'hiver. Les murs sont ornés de divers tableaux : un grand tableau portant les règlements administratifs des prisons secondaires de Belgique, au recto en français, au verso en flamand ; un autre avec l'horaire de la prison, les heures de travail pour les condamnés, de repas, de promenade, etc.; un tableau des produits qu'*on ne peut pas acheter à la cantine*, soit parce qu'ils manquent, soit parce qu'ils sont défendus ; un tableau des dix mouvements essentiels, destinés à l'entraînement physique des détenus. O ironie ! Enfin, la décoration murale est complétée par la liste des bienfaiteurs de la prison, des philanthropes anversois qui veillent au bien-être physique et moral des malheureux prisonniers. Dans ma visite domiciliaire, j'ai trouvé, cachés dans un coin d'un cadre, les outils suivants, legs d'un honorable prédécesseur : une minuscule lime particulièrement solide, une non moins minuscule scie à métaux et un très petit tournevis. J'ai précieusement rangé ce matériel, qui, joint aux morceaux de verre et aux bouts de corde ramassés dans le jardin et au couteau que j'ai fabriqué avec un couvercle de boîte de conserves, constitue un outillage déjà important.

Et c'est là dedans que je vais vivre ! Combien de temps ? Avec la quasi-certitude d'être interrogé, jugé, etc., d'une façon apparemment légale, la perspective d'une mort rapide et sans explications s'éloigne mais elle est remplacée par celle, qui n'est guère plus excitante, d'une longue détention. Si je suis condamné à 7 ans, à 10 ans de cette existence, brou ! et que, enterré dans quelque geôle allemande, j'y sois oublié à la fin de la guerre ? Dix ans ! Je proteste à haute voix. La sentinelle accourt : « Was ? » Je préfère ne pas écrire le mot que je lui ai répondu ; car si ce mot a acquis en français les ailes qui lui permettent de voler légèrement à travers les âges héroïques, il est demeuré en allemand attaché à la boue originelle par sa pesante grossièreté. Et les heures passent lentement, lourdement, et je me vois pourrissant dans l'oubli, écrasé sous le plomb des heures, au fond de la Silésie, dans quelque cachot humide et sombre, où je n'aurai même pas la lumière et l'air dont je jouis ici.

Toute la littérature romanesque et historique se lève dans ma mémoire pour me représenter les divers types de geôles utilisés depuis toujours pour tant d'innocents et de coupables que la méchanceté de leurs contemporains a séparés de l'humanité.

Des coups frappés au mur. Depuis ce matin, j'entends ainsi frapper d'une façon plus ou moins rythmique, soit sur les murs, soit sur les tuyaux de vapeur qui courent d'un bout à l'autre de l'étage. C'est le téléphone entre prisonniers, simple, pas très rapide ; on se cause de la façon un peu lente et primitive dont les morts s'adressent, paraît-il, à nous, quand nous les évoquons avec le concours d'un guéridon. Un détenu, plus éloigné et plus astucieux, fait du morse avec frénésie sur le tuyau de vapeur. Le voisin de droite, le N⁰ 194, désire entrer en relations.

« Qui ? me téléphone-t-il.

— Et toi ?

— D'où viens-tu ? »

Etc., etc.

Comme il se refuse à me donner son nom, je coupe la communication.

Plus tard, mon voisin reçoit une visite. J'ai découvert un petit trou, œuvre ancienne d'un collègue, sous le tuyau de vapeur, presque à ras de terre. Je me couche à plat ventre, l'oreille au trou. Ils causent à voix assez basse ; je ne distingue confusément que quelques mots : il est question du voisin, qui est moi, la cellule suivante étant vide.

Après le départ de son visiteur, le 194 veut reprendre la conversation. Je lui envoie en plusieurs langues une concise fin de non-recevoir. Ce doit être un mouton.

Puis, c'est le souper : une gamelle pleine de pommes de terre et de haricots, à parties égales, très propre et très mangeable.

Et le soir arrive lentement, très lentement ; et, parmi les minutes qui s'attardent, la sombre vision d'une forteresse silésienne se lève dans la brume du soir.

Je déplie mon lit, déformé par un long usage, et je me couche. Arrière les idées noires !

Demain. c'est l'avenir ; demain, il y aura peut-être quelque chose. Pourvu qu'il se passe quelque chose demain !

*
* *

13 juillet 1915.

Je m'éveille dispos et me plie assez bien aux servitudes du lieu : café d'orge grillé, pain de guerre, nettoyage de la cellule, balayage, astiquage des ustensiles de ménage, descente au préau avec le piss-pott à la main, la promenade autour du quartier de tarte. Dans la matinée, Baptiste m'apporte un livre, un roman quelconque, très moral, à l'usage de la jeunesse et des bagnards, qui ne sont que des enfants.

Vers midi, on vient m'appeler pour interrogatoire.

Enfin ! c'est Meier lui-même, encore lui. Tant mieux ! Il ne saurait comprendre combien sa laide figure m'a fait plaisir à voir. La comédie d'avant-hier recommence. Le répertoire ne varie guère.

Meier me pose les mêmes questions, dans les mêmes formes ; a, comme la première fois, des accès de colère subits et injustifiés, où les mots

« la ferme ! » éclatent brutalement. Il m'a accusé d'abord d'être le trésorier du Comité. A cette idée saugrenue, j'ai éclaté de rire, ce qui l'a plongé dans une sombre fureur. J'ai profité de ce moment où il avait perdu le contrôle de ses actes pour jeter un regard sur une grande feuille de papier placée près du dactylographe qui la typait. J'ai vu les signatures de Piquet et de Huchard ; donc, ils sont arrêtés, eux aussi. Meier m'a ensuite accusé d'avoir fabriqué des faux papiers.

« Montrez-m'en un, » lui ai-je répondu.

Puis il a pris le ton paterne :

« Écoutez, nous savons tout ; inutile de nier. Nous avons trouvé tous les documents de l'affaire, qui étaient cachés dans le fauteuil de Deconinck ; nous avons les noms de tous les soldats cachés à Lille, de ceux qui sont passés en Hollande, de tous les membres du Comité qui les entretenait. Belle affaire, et facile ! Avouez donc ! Nous avons tous les papiers de Jacquet et de Deconinck... »

Il continue à la faire à l'esbrouffe.

« ..... Nous avons le Journal de l'aviateur anglais Mapplebeck, le Journal de Mlle Jacquet, tout enfin.

— Et vous avez trouvé souvent mon nom dans tous ces papiers? »

Le type reste bouche bée.

« Oui, vous avez souvent trouvé mon nom? Vous avez trouvé quelque chose de moi? Vous connaissez mon écriture, puisque vous en avez un échantillon. »

Et ce juge d'instruction à la manque, cloué comme un hibou, n'a su que répondre.

Enfin, il a entamé la question des deux médecins. Je constate qu'il a pris connaissance des notes rédigées à son intention et enlevées sur son ordre. Comme je m'y attendais, il se cantonne dans ce petit domaine et, naturellement, je manœuvre pour l'y enfermer. J'avoue avoir participé au départ de jeunes gens dont je n'ai pas à lui donner les noms, « attendu qu'ils sont maintenant en route pour la France ».

Après une très longue séance, coupée de crises terribles de la part de Meier, après quelques coups de gueule, quelques cris : « Tête de mule! Insolent! La ferme! », j'ai le plaisir de constater que mon système a réussi, si bien réussi qu'avec son plus gracieux sourire, Meier a conclu en ces termes inattendus :

« Est-ce que cela vous ferait plaisir d'être réuni avec vos amis?

— Quels amis?

— Messieurs Piquet et Huchard.

— Comment, ils sont arrêtés? »

Et je joue l'étonnement.

« Je vais donner des ordres pour qu'ils soient avec vous cet après-midi.

Qu'est-ce que cela veut dire? Est-ce un piège?

Je déjeune un peu tardivement, mais de bon appétit.

Ma cellule est claire et gaie; le ciel est bleu tendre; l'air est pur et léger; par le vasistas, me parviennent les bonnes senteurs marines; j'entends les mille bruits du port: un phonographe lointain chante une romance française, sans nasiller.

La porte? Ce monstre! Je la regarde maintenant avec le sourire; je sais qu'elle n'est, elle aussi, qu'un épouvantail à moineaux.

Meier est pris dans mes propres filets: seule, l'histoire des deux médecins est demeurée dans sa cervelle, et cela ne vaut guère qu'un peu de prison et la déportation en Allemagne. Pour le reste, il n'a pas de preuves et n'a exhibé que des suppositions.

Mieux encore ! Je connais les armes qu'il possède contre nous tous ; et, pour le moment, elles ne me paraissent pas terribles. Que je voudrais communiquer avec les camarades !

XI

LES PRISONNIERS DU N° 193

Or, voici qu'au cours de l'après-midi Huchard arrive, porteur de sa paillasse ; un peu plus tard, Piquet pénétre dans le même équipage.

La cellule 193 est pleine ; ceux qui l'occupent sont heureux. En une longue causerie à voix basse, à cause du douteux voisin, nous nous mettons au courant de nos aventures passées. Nous étudions les péripéties de nos arrestations. Les interrogatoires de Piquet et de Huchard concordent avec les miens. Tout va bien pour nous trois ; eux deux seront poursuivis simplement pour avoir voulu passer la frontière ; cela vaut généralement deux mois de prison ; et moi, comme ayant favorisé leur départ, à moins que l'on ne trouve autre chose. Mais cette autre chose, pour laquelle il n'y a pas encore de preuves, je l'ai écartée jusqu'ici.

Piquet avait vécu seul dans sa cellule depuis son arrestation, qui avait eu lieu le 9 juillet ; il avait reçu les visites du directeur belge de la prison, de l'aumônier belge et du jeune médecin allemand, le docteur Pemphigus. Huchard avait été placé par erreur dans une cellule avec deux Flamands condamnés pour délits de pêche. Huchard ne savait pas le flamand, mais l'un des deux Anversois connaissait un peu l'anglais.

Nous arrangeâmes notre vie. Le lit, ce confortable lit de fer qui formait une bosse énorme au niveau de mes reins, me fut octroyé à cause de ma vieillesse.

Dans la journée, les deux paillasses roulées au fond de la cellule sous la fenêtre servaient de fauteuils turcs ; le soir, Huchard allongeait la sienne en travers sous le vasistas, et Piquet plaçait son lit parallèlement au mien.

Notre bibliothèque se composait jusqu'ici d'un roman quelconque apporté par Baptiste, du "Génie du Christianisme" prêté à Huchard par l'aumônier, l'abbé Nicodème, et du second volume du " Traité d'Anatomie " de Sappey, prêté par Pemphigus, qui l'avait lui-même emprunté à la bibliothèque de l'hôpital militaire d'Anvers. Voilà de quoi nous distraire un peu.

Enfin, nous savions que le jeudi l'instituteur bibliothécaire, l'unterlehrer, passait au guichet pour le prêt des livres.

D'autre part, la question alimentaire se pose. La nourriture de la prison est mangeable, mais pas variée : et, pour des raisons inconnues, notre appétit augmente sans cesse. La cantine fournit très peu de choses : lait, beurre, pain de guerre, sucre, fromage, le tout en petite quantité. Avec l'autorisation du médecin, on peut recevoir les vivres du dehors.

Huchard, qui a du mal à se soumettre au régime de la prison, va voir le médecin à ce sujet et obtient l'autorisation. Nous établissons l'état de nos finances. La plus grosse partie nous a été enlevée, mais est déposée au bureau. Nous avons assez bien d'argent. Seulement, il faut prévoir que le procès peut traîner, que nous serons peut-être expédiés ensuite en Allemagne, et que nous ne pourrons plus communiquer avec les nôtres. D'où nécessité de faire des économies. C'est ainsi que Huchard seul prend les repas du dehors et que, sur sa demande, ces repas sont attribués à tour de rôle à chacun de nous. Des achats quotidiens à la cantine complètent nos menus. Tous les jours, l'un de nous est appelé à jouer le rôle officiel de malade.

" Qui est le « sick » demain ? "

« Sick » est un mot flamand qui signifie malade et que les gardiens allemands ont adopté à Anvers. Le « sick », non seulement jouit des repas du dehors, mais est dispensé de corvée, c'est-à-dire que le matin il assiste impassible au nettoyage de la cellule fait à coup de serpillière par l'un de nous et épongé par l'autre.

Tel fut le programme de nos journées :

Le matin au lever, petit déjeuner avec le café d'orge grillé et une tartine de pain beurré. Puis arrivait le déjeuner du « sick » : café presque vrai et œuf à la coque. Aimable prétexte pour les deux autres, qui absorbaient une nouvelle tartine avec une partie du café du malade. Gymnastique de chambre selon le tableau ; il y a des mouvements qu'aucun de nous n'a pu réaliser. Puis, l'esclave ayant apporté le seau et le matériel de nettoyage, nous procédions d'abord à notre toilette ; ensuite au lavage de l'immeuble, au fourbissage des étains, etc. Cette partie m'était spécialement réservée ; un morceau de brique et de vieux chiffons destinés à ce travail étaient enfermés dans l'armoire au piss-pott.

La promenade avait lieu par roulement, entre 7 et 9 heures. Au retour, l'appétit aiguisé, nous faisions un léger repas : pain et fromage ; lecture et conversation en attendant le dîner. Puis le dîner de midi, avec quelques suppléments, les uns de la cantine, les autres royalement offerts par le malade du jour.

Sieste prolongée, sans tabac, hélas !

Vers deux heures, arrivaient les produits commandés le matin à la cantine ; il est rare qu'on n'ai pas célébré cet événement quotidien par l'absorption d'une petite tartine. Puis lecture, conversation, somnolence sur les coussins turcs, jeux divers.

Les jeux étaient complètement interdits. Cependant, nous avons pu, avec quelques fiches bibliographiques bien intéressantes retrouvées dans mes poches et échappées par hasard aux fouilles, fabriquer un jeu de cartes minuscules, pas beaucoup plus grandes que des timbres-poste. Pour le jeu d'échecs, un damier fut tracé avec un éclat de verre sur notre table de bois. Les pions étaient représentés par des pièces de monnaie de diverses nationalités : les blancs étaient des pièces de 10 pfennig et des pièces d'argent pour les grosses pièces : les noirs étaient des centimes belges et pour les grosses pièces des sous troués. Cette transformation compliquait assez bien le jeu. Afin d'éviter l'irruption et les cris des sentinelles, le carreau du judas était enduit d'une couche légère de beurre : sur cette couche adhésive était soufflé un nuage de fine poussière.

A quatre heures, une petite collation.

Le souper de la maison à six heures, et un peu plus tard celui du « sick ». Pour clore la journée, concert vocal, opérettes, distractions variées. Bruits divers dans la coulisse produits par la sentinelle. Un peu avant neuf heures, facture des lits, coucher, fin du concert.

Prière arabe. Les litanies des philanthropes, c'est-à-dire la liste des membres de la Commission administrative de la prison, récitées en mode alterné, en français et en flamand.

Et nous nous endormions lentement, pendant que Huchard, pinçant dans la nuit les cordes d'un instrument imaginaire psalmodiait les chansons woloves en jouant du banjo.

C'est grâce à cette bonne humeur inaltérable, aux longues heures de farniente et à la suralimentation voulue, que nous avons pu résister si allègrement et sans trop de dommages à la vie déprimante de la prison cellulaire. Nous avons vécu ainsi un mois, à peu près complètement séparés du monde. Nos seules relations régulières étaient nos deux gardiens, Baptiste et Arthur, de service chacun leur tour, un jour sur deux. Baptiste était un vieux brave homme, doux et complaisant. Une seule fois, il s'est fâché tout rouge ; le vent ayant claqué la porte pendant qu'il était dans notre cellule, il se trouva enfermé avec nous ; la figure de Baptiste, ainsi pris au piège, était bien la chose la plus comique du monde ; et comme il croyait à une farce de l'un de nous, nos rires le rendirent furieux ; la porte n'était pas complètement close ; nous parvînmes, en l'attirant à nous, à délivrer notre malheureux prisonnier.

L'autre, Arthur, de son vrai nom Karl Seifrit, était un jeune épileptique, un *minus habens*, dont le dressage fut irréalisable. Avec lui, nous avons eu des altercations fréquentes. Une-fois, il alla au rapport pour nous faire mettre au cachot séparément ; il y fut assez mal reçu et n'obtint pas gain de cause.

Les visites étaient rares, par suite de l'apposition sur ma porte d'une affiche interdisant l'entrée dans ma cellule sans l'autorisation du gouverneur d'Anvers. Le docteur Pemphigus est venu nous voir de temps en temps ; il ne paraissait pas bien calé en médecine, mais il faisait des efforts pour être aimable.

Un vieux-sous-officier du bureau, oberlehrer dans une Realschule, venait parfois nous apporter du travail : comme il préparait dans ses loisirs un examen quelconque, il nous apportait ses essais de critique littéraire pour que nous les mettions en français plus correct. Nous l'appelions Polyeucte, car il avait une prédilection marquée pour la tragédie de Corneille. Nous avons ainsi obtenu de l'encre et une plume, que nous cachions précieusement.

Autre distraction : nous avions le droit, tout à fait illusoire, d'écrire une lettre toutes les semaines. On nous fournissait officiellement et momentanément un encrier et un porte-plume ; nous devions acheter à la cantine du papier à en-tête de la maison, des enveloppes et des tim-

bres allemands avec la surcharge « Belgien »_
Tous les huit jours, nous écrivions donc aux
nôtres à Lille des lettres d'une banalité affreuse
et voulue. Aucune de ces lettres n'est parvenue
à destination, ainsi qu'il fallait le prévoir. Enfin,
tous les jeudis, l'instituteur nous apportait des
livres moraux et éducatifs, récits de voyages,
livres d'histoires, romans pour la jeunesse. Ces
lectures développèrent en nous la passion des
voyages, et, ironie singulière, nous qui étions
prisonniers, nous préparâmes sérieusement de
grandes expéditions sur la vaste terre. Toutefois il fut décidé qu'avant d'explorer les mondes
mal connus, nous irions d'abord nous reposer
un peu aux îles Borromées. De nous trois, le
hasard m'y conduisit le premier, incognito,
pendant mon internement en Suisse.

Quant aux relations extérieures, elles étaient
fort restreintes. Près de nous, au 192, logeait
Émile Boufflers, le domestique de Jacquet. Il
n'était pas communicatif; par prudence, il faisait le sourd à toutes nos tentatives. En face,
au fond de la galerie, se trouvait Baratte, avec
qui nous parvenions à causer en allant aux
préaux, à la descente et à la montée; parfois
même, en l'insinuant entre nous, il partageait

notre préau avec deux d'entre nous, pendant que le troisième se résignait à la solitude dans le préau voisin. C'est ainsi que nous avons pu remonter le moral de ce brave garçon, qui, par moments se désespérait et perdait courage.

Il nous était plus difficile de voir les autres qui étaient logés au rez-de-chaussée de notre pavillon N° 8. Seul, Huchard, qui circulait beaucoup, c'est-à-dire qui tous les deux ou trois jours trouvait moyen, sous des prétextes de maladie, de sortir de la cellule, a entrevu, au hasard de ses voyages dans les couloirs, Jacquet, Deconinck, Sylvère, mais il n'a pu leur causer.

Aussi nous ne savions rien de ce qui se tramait contre nous tous, surtout depuis que l'ère des interrogatoires paraissait close. Nous conservions malgré tout notre gaîté.

C'est ainsi que se passèrent les trois premières semaines de notre vie cellulaire. Alors, le bruit courut—comment des bruits peuvent-ils courir dans une prison aussi sévère? — que nous allions retourner à Lille. Un fait vint à l'appui de cette possibilité : nous fûmes appelés au bureau pour le réglement de nos comptes de vivres du dehors et pour la vérification de nos dépôts forcés. Et là, par un employé belge, j'eus confirmation de notre prochain départ le lendemain ou le surlendemain. C'est au cours de ces déplacements que j'aperçus Vandenbosch, De Prat, Lefebvre, Deconinck, Verhulst, Marchand.

Des jours passèrent. Nous aurait-on oubliés? Alors, nous commençâmes à souffrir un peu de la détention, à laquelle nous étions si bien accoutumés quand nous n'attendions rien. Nous étions en rapport avec un jeune Belge, Van Himpe, qui habitait notre palier et y purgeait une condamnation à trois mois de prison pour délit de correspondance; il avait été pris faisant passer des lettres en Hollande. Van Himpe avait conquis la confiance des gardiens; il était monté en grade, aidait le cuisinier dans la distribution des repas, astiquait les cuivres extérieurs des cellules du troisième étage. C'est pendant qu'il frottait notre plaqué qu'il prit contact avec nous en sifflant en sourdine la Marseillaise. Nous communiquâmes ensuite par des billets adroitement échangés. Il devait être libéré le mercredi 11 août et devait aussitôt préparer notre évasion.

En attendant, nous devînmes tristes et mélancoliques, voire même un peu grincheux. La discorde faillit apparaître. Heureusement, nous sûmes combattre à temps ces fâcheuses tendances; et quand, huit jours après, nous apprîmes à nouveau que notre départ était proche, nous attendîmes d'une âme plus sereine et avec plus de patience. Communiquée à Baratte, cette nouvelle le rendit fou de joie; elle n'altéra en rien l'impassibilité de Boufflers.

Enfin. le dimanche 8 août, on nous prévint que nous partirions le lendemain. Le lendemain, en effet, de bonne heure, nous fûmes appelés à la visite médicale pour une nouvelle exhibition de nos avant-bras; pas plus qu'à l'arrivée, nous n'avions la gale.

Plus tard, on nous fit signer le registre des dépôts, qu'on ne nous rendit pas d'ailleurs, et on nous sortit de la prison. Un nombre imposant de soldats surveillait ce déplacement : nous étions une vingtaine, soit, dans l'ordre où nous avions été amenés de la prison d'Anvers :

le groupe de Sylvère : Verhulst, Jean Piquet, Gaston Huchard, Ismaël Butez;

le groupe de Jacquet : Eugène Jacquet, Émile Boufflers, Paul Bardou, Jean Baratte, Georges Maertens, Grégoire Delfosse;

le groupe de Deconinck : Ernest Deconinck, William Forrest, Léon Vestens, Gaston Lescuyer, Julien Van Heuverswyn;

le groupe de Vandenbosch : Jean Vandenbosch, Paul Lefebvre, Ferdinand Bourriez, René De Prat, René Dumont.

Un jeune officier, très excité et très gueulard, dirigeait les opérations, tel un commandant d'armée. On nous inséra dans des voitures cellulaires, où nous pûmes nous installer mieux qu'à l'arrivée, car on voyait clair. A la gare d'Anvers, cérémonie de la mise en wagon. Nous fûmes installés librement dans un grand wagon à couloir; le jeune officier enragé, après avoir ostensiblement chargé son revolver, aboya quelque chose; il était rouge et agité. Le sous-officier qui commandait notre détachement nous dit : « Il est toujours ainsi à partir de midi; c'est la boisson qui le rend fou; il ne faut pas y faire attention. »

En route pour Lille! Nous ne savons pas ce qui nous attend là-bas, mais nous sommes tout joyeux. C'est, cette fois, un vrai train de plaisir : nous sommes tous ensemble; nous nous retrouvons, nous causons librement, nous nous mettons au courant des incidents de notre vie à

Anvers. Nos gardiens complaisants nous offrent des cigarettes. Collation paisible à Bruxelles.

Le soir, nous arrivons à Lille ; on nous conduit à la Citadelle, où nous retrouvons des gardiens déjà connus.

On nous installe dans une grande chambrée, la chambrée N° 9, remise en état, avec des bas-flancs neufs et des paillasses neuves.

Que venons-nous faire ici ? Cela ne nous préoccupe guère. Nous sommes tout à la joie d'être réunis.

C'est alors que commence pour nous une nouvelle existence, plus vivante, plus active, plus gaie, plus tragique aussi. Nous allons vivre les heures historiques du procès Jacquet.

XII

LA CHAMBRÉE N° 9

Par suite de quelle erreur, de quelle bêtise, sommes-nous placés ensemble, après avoir été soumis au secret absolu pendant près d'un mois? Ce fut une grosse faute de la police allemande, dont la plupart d'entre nous, malheureusement pas tous, ont profité largement.

Quels étaient les hommes réunis ainsi par la fantaisie des policiers allemands dans la même chambrée?

Il y avait un peu de tout : industriels et étudiants, commerçants et fraudeurs, Français, Belges, Anglais, même Sénégalais ; catholiques, libres-penseurs, conservateurs, radicaux, socialistes.

Tous s'étaient trouvés unis par le même

sentiment du devoir pour lutter contre l'envahisseur.

Cependant, la plupart ne se connaissaient pas entre eux. Aussi pendant les premières heures régna dans la carrée une atmosphère de méfiance.

Jacquet ne tarda pas à éclaircir la situation. Avec son esprit de décision, il nous invita à raconter chacun notre histoire. Chacun de nous dut indiquer dans quelles conditions il avait été arrêté, narrer les interrogatoires subis, les questions posées et les réponses, les confrontations, les incidents de la détention, etc. Aucun détail ne fut négligé.

Constitués en une sorte de Conseil de guerre mutuel, nous fûmes appelés à nous expliquer tous.

De l'ensemble des faits, il résulta ceci :

Il est évident que beaucoup parmi nous étaient depuis longtemps suspects aux yeux des Allemands de Lille. Mais nous avons été arrêtés par la police d'Anvers ; et cela nous permet de croire que nous avons été trahis par Louis Richard, qui, par peur d'abord, par intérêt ensuite, a livré tout ce qu'il savait. C'est lui qui, arrêté à Brasschaet le 7 juillet, a fait prendre le surlendemain, à Anvers, Verhulst, Piquet, Huchard, Butez, Meeusen et Beunart. Ces deux derniers ont été gardés à Anvers, ainsi que les compagnons de Richard et leurs guides.

C'est encore Richard qui a accompagné les policiers d'Anvers à Lille pour arrêter Jacquet, Maertens, Boufflers, Baratte, Delfosse et Bardou, et manquer Deconinck, absent, et Fourmentrau, enfui

C'est toujours lui qui a guidé les policiers le long de la route suivie par lui en allant vers la Hollande, et qui a fait ainsi prendre à Gand Deconinck et Forrest; à Olsène, Vestens et Lescuyer, et Van Heuverswyn à Oostacker. Il a servi de mouchard à nouveau à Lille pour les arrestations de Vandenbosch, de Lefebvre, de Bourriez; il a enfin causé indirectement les arrestations de De Prat, Dumont, Godfroid, et de 250 personnes environ à Lille.

Les pièces saisies au cours des perquisitions sont peu nombreuses. La police allemande n'a rien trouvé chez aucun de nous. Seul, le hasard lui a livré, cachés dans un fauteuil, les papiers suivants :

Quelques anciens carnets de paye;

Le Journal de Mlle Jacquet ;

Le Journal de l'aviateur anglais Mapplebeck.

Que contiennent de compromettant ces papiers ?

Les carnets de paye, datant d'avant avril, portent des noms d'hommes, de soldats et de logeuses, avec des adresses généralement fausses ; seuls, les noms de rues sont exacts.

Le journal de Mlle Jacquet, ancien aussi, ne contient que des faits banaux, des impressions, et les noms des visiteurs habituels de Jacquet.

Le journal de Mapplebeck renferme les noms de Jacquet, de sa fille, de Boufflers, de Deconinck, de Verhulst et de Maertens. Mais quelles indications, pouvant devenir dangereuses, les accompagnent ? Nous ne le savons pas exactement.

Des interrogatoires de Lille et d'Anvers, il résulte que l'accusation principale est celle d'espionnage. Or, les Allemands n'ont pas de preuves à ce sujet.

Richard a déclaré qu'on envoyait des documents militaires, souvent cachés dans des cannes creuses : aucune de ces cannes, aucun de ces papiers ne sont tombés entre leurs mains. Nous sommes accusés d'avoir entretenu à Lille des soldats français et alliés et d'avoir facilité le passage en Hollande d'un certain nombre d'entre eux. Il est difficile de nier ces deux choses.

Le sauvetage et l'évasion de l'aviateur anglais Mapplebeck sont prouvés, grâce à son imprudence, avec la complicité malheureusement évidente de quelques-uns. Cette affaire n'était considérée à Anvers que comme « une bagatelle » selon l'expression du détective Meier, qui y voyait simplement une bonne farce jouée à ses collègues lillois. Il est à craindre qu'elle ne passe ici au premier plan, tant pour satisfaire l'appétit de vengeance du gouverneur Von Heinrich, que parce que, pour cela seulement, la justice allemande a des preuves précises.

Les déclarations faites par la plupart, au cours des interrogatoires d'Anvers, tiennent assez bien ensemble, ne présentent pas de contradictions flagrantes et ne paraissent pas susceptibles de soulever des questions indiscrètes

Par la comparaison de diverses dépositions, nous reconnaissons des points faibles, des fautes, des imprudences. Ces erreurs sont réparables ; et maintenant que nous sommes ensemble, si l'on ne nous sépare pas à nouveau, il sera facile de parer aux dangers futurs. Chacun de nous se voit tracer une ligne de conduite, un plan de défense, tant pour remédier aux erreurs antérieures que pour en prévenir de nouvelles ; tous les termes des déclarations sont soigneusement pesés, de façon à corriger le passé et à diriger l'avenir.

Ainsi notre procès paraît s'annoncer favorablement. La juridiction de Lille a obtenu gain de cause dans la lutte qu'elle a soutenue contre la juridiction d'Anvers. Cela peut présenter pour nous quelques avantages : le Conseil de guerre d'Anvers étant connu pour sa sévérité féroce, nous avons intérêt à ne pas avoir affaire à lui. D'autre part, les détectives d'Anvers, mécontents de ce qu'on leur ait arraché leur proie, apporteront peu de zèle à collaborer avec leurs collègues de Lille, pour lesquels ils ne semblent pas professer une grande sympathie.

Enfin il nous semble plus réconfortant d'être jugés dans notre ville, dans la ville qui a vu nos efforts et qui s'est faite notre grande complice, dans une ville où nous sommes connus et où fatalement la justice allemande se trouvera comme immergée dans un flot de sympathie et en pourra être heureusement influencée.

Et puis, si la mort nous guette à brève échéance, il nous déplairait de mourir sur la terre étrangère, parmi l'indifférence des pierres que nous ignorons et le silence des habitants qui nous ignorent.

* *

La vie dans la chambrée N° 9 n'est pas monotone. Dès que les soupçons mal fondés du début ont été dissipés, dès que nos travaux de défense ont été achevés, la plus franche cordialité et la gaîté la plus saine ne cessent de régner.

L'existence quotidienne est largement assurée, naturellement pas par nos geôliers, qui ne nous fournissent guère qu'un café d'orge grillée, le matin, et midi et soir, une soupe avec quelques feuilles de choux, de rares pommes de terre et de montrueux ossements dépourvus de viande. Mais plusieurs obtiennent du médecin l'autorisation aux vivres du dehors. En outre, deux soldats allemands, Hans Waroquié et Max Rosenbaum, font, malgré la consigne qui nous interdit de communiquer avec la ville, toutes nos commissions, moyennant salaire, bien entendu. La cantine nous fournit également diverses choses. Nous avons établi une caisse commune ; Jacquet a la direction de l'hôtel ; et nous parvenons à manger convenablement. Nos familles nous envoient de petits plats ; et des amis déterrent leurs vins fins à notre intention.

Les heureux caractères forment la majorité : notre chambrée est toujours joyeuse et bruyante. Parties de cartes, chansons, anecdotes, lectures, journaux, même les journaux interdits, qui, parvenant parfois à Lille, nous sont toujours expédiés.

Nous correspondons clandestinement avec les nôtres et nous sommes ainsi tenus au courant des événements de la ville.

La conduite des Allemands avec nous est singulière : ils paraissent, soit à la suite d'ordres reçus, soit pour des raisons mal définies, avoir pour nous un certain respect, qui se traduit par une discipline moins rude, moins tatillonne, que pour les autres prisonniers, qui s'en montraient quelque peu jaloux. Isolés complètement de ceux-ci, ayant nos heures de promenades spéciales, nous jouissons dans notre chambrée d'une grande tranquillité. Les soldats qui y pénètrent ne le font que pour notre service.

Le directeur de la prison, l'offizier-stellvertreter Schweizer, est extrêmement poli et courtois. Les sous-officiers et soldats du bureau également. Parfois une sentinelle de garde dans la cour, les postes étant fréquemment renouvelés, essaie de faire du zèle ; mais nous protestons avec énergie, et ses rapports au bureau demeurent sans sanctions.

Nous vivons donc en joie, tout en ne perdant pas de vue notre défense. Toujours à l'affût des moindres bruits, nous sommes toujours parés.

Le seul incident pénible de notre détention, avant la reprise du procès, fut provoqué par Léon Vestens. Ce brave garçon, un peu déséquilibré, ne cessait de se lamenter jour et nuit, de pleurer et de prononcer constamment des mots incohérents : « Fusillé, maman, dix mille francs de terre... » et des phrases flamandes assez décousues. Chaque fois qu'un Allemand entrait, il se jetait à genoux et sanglotait éperdûment. Un jour, il se mit à écrire fébrilement de longues pages. Le soir, Julien s'empara de ces papiers : c'était une lettre à son avocat, avocat imaginaire, puisque personne n'avait encore d'avocat. Cette lettre contenait des révélations maladroites et graves. Sur le moment, il y eut une scène tragique : Vandenbosch sauta à la gorge de Vestens ; De Prat, hors de lui, voulait simplement tuer ce pauvre garçon. La lettre fut solennellement brûlée ; et l'on décida d'affoler ce déséquilibré. Ce fut chose facile : en deux ou trois jours, il fut à point. Une nuit, il se pendit ; l'un de nous, ayant des scrupules, l'empêcha d'achever son suicide. Le lendemain matin, Vestens, conduit par Piquet à la visite, fut admis officiellement comme fou ; c'était tout ce que nous demandions. Vestens, envoyé de l'infirmerie de la citadelle à l'asile d'Esquermes, ne tarda pas à s'en évader.

Nos distractions étaient ordinairement moins émouvantes ; et nous tuions le temps en nous faisant des farces, comme de jeunes soldats en caserne. L'une de celles qui eurent le plus de succès fut faite à mes dépens. Nous avions enfin obtenu l'autorisation de nous faire couper les cheveux. Les miens, déjà longs au moment de mon arrestation le 10 juillet, avaient crû exagérément jusque fin août. Conduits par petits paquets au bureau, nous étions rajeunis par un coiffeur allemand. J'eus soin de recommander à cet artiste d'en laisser un peu, car je les porte longs d'habitude. Le boche appliqua sa tondeuse au-dessous de l'oreille gauche, et d'une main ferme et rapide traça un sillon d'arrière en avant à ras de la peau. Comme le guillotiné au contact du couperet, j'eus un frisson. Derrière moi, Maertens, Piquet, qui attendaient leur tour; les boches du bureau se roulaient. Moi-même, une fois remis de cette émotion passagère, je fis comme les autres. Le malheur était avant longtemps irréparable ; je me résignai à porter les cheveux ras. Quand je redescendis dans la cour de la prison, ce fut un éclat de rire immense ; à toutes les fenêtres, derrière les barreaux, trois cents prisonniers, tous Lillois et qui se connaissaient, se tordaient à mon retour dans la chambre N° 9, j'eus l'explication de la chose : Jacquet et Vandenbosch qui m'avaient précédé chez le coiffeur, lui avaient donné cinq marks pour me faire ce mauvais coup.

Quelques jours après notre arrivée, Huchard, qui ne peut décidément pas s'habituer au régime des prisons allemandes, est tombé malade. Le médecin allemand de la Citadelle l'a envoyé à l'hôpital de la Charité et l'a confié à l'Administration française de cet hôpital.

Pauvre garçon ! Il n'a fait que changer de geôle, et avec aggravation certaine.

L'Administration française, consciente de sa mission et effrayée de la responsabilité qui lui incombe, le garde jalousement, avec infiniment plus de sévérité que les gardiens allemands. Enfermé dans une petite chambre, habituelle-mènt réservée aux scarlatins, il n'a même pas le droit de se promener dans les jardins clos de murs ; il ne peut voir sa femme ni ses cama-rades d'études, internes dans les salles voisines. Mieux encore! On lui confisque ses vêtements le soir, de peur qu'il ne s'évade ! Nous avons de ses nouvelles assez souvent par des boches, plus complaisants et moins stupides.

Baratte, atteint d'une angine suspecte, a été envoyé aussi un peu plus tard au même hôpital. Il y jouit également du même régime de faveur, nous adresse ses amères doléances et voudrait guérir au plus vite pour revenir dans notre délicieuse chambrée.

Ainsi, les jours passaient, tissés de noir et de rose : vie matérielle assurée, accoutumance à la claustration et aux petites misères de la chambrée, distractions naïves de la caserne, heures de réflexions sur les suites de notre pro-cès, optimisme solide quant aux résultats de la guerre.

C'était merveille de voir la bonne cama-raderie qui unissait des hommes aussi dif-férents.

Cette union étroite était due à l'ascendant singulier de Jacquet, qui avait le tempérament d'un chef.

Nous étions fondus en un bloc commun par sa puissante individualité.

XIII

LE GRAND PROCÈS

Il semblait qu'on nous eût oubliés.

Nous vivions d'une vie paisible et recluse, un peu animale, presque végétale, si l'exubérance de quelques-uns ne nous avait entraînés aux gestes de la vie.

Un soir enfin, De Prat est appelé à l'instruction. De Prat a, dès les premiers jours de notre retour d'Anvers, manœuvré près du médecin allemand pour obtenir une cellule à part, la promiscuité de notre chambrée ne lui convenant pas. L'ancien adjudant de la mission Marchand a conservé de sa vie au désert l'amour de la solitude. Nous lui avons dit combien il était préférable de demeurer ensemble, afin de pouvoir nous tenir au courant et parer avec méthode et uniformité aux dangers des interrogatoires. Mais De Prat est resté l'homme du mystère africain ; il cause peu et ne se livre pas ; il veut préparer dans la méditation sa défense personnelle. Privé de nos renseignements communs, il est à craindre qu'il ne commette des gaffes. Pourvu qu'elles ne retombent que sur lui !

De Prat a obtenu son déplacement et a été envoyé dans une cellule du haut, près du bureau, non pas seul, comme il l'espérait, mais avec deux détenus pour d'autres causes. Ainsi son rêve n'est qu'à demi-réalisé ; et nous perdons un de nos éléments d'informations.

Nous aurions été heureux d'avoir aussi avec nous Narcisse Godfroid, qui, arrêté le 28 juillet, n'a pas été emmené à Anvers, notre retour à Lille étant décidé, et qui loge depuis son arrivée à la Citadelle dans une cellule du haut également.

Par suite de ces deux absences, dont l'une est involontaire, notre plan de défense a quelques points faibles ; cela présente des dangers pour tous et plus particulièrement pour les deux isolés. De Prat, n'ayant joué aucun rôle dans l'organisation Jacquet, n'est inculpé que d'avoir participé à l'affaire Mapplebeck. Il a en effet été à Wattignies le dépositaire du secret de la cachette occupée quelques heures par l'aviateur anglais, le jour de son atterrissage forcé ; il a indiqué cette cachette à Godfroid, et il a fait passer à Mapplebeck des vêtements, dont une cravate qu'il a assez souvent réclamée pour que toute la ville de Lille le sût.

Les Allemands ne possèdent contre lui que l'indication du journal de Mapplebeck, désignant « the P. of W. » comme lui ayant fourni des vêtements civils.

De Prat, interrogé par le conseiller Behrend, s'est borné à nier toute participation à cette affaire ; il a usé pour sa défense de l'explication qui avait été décidée dans notre conseil de guerre : Percepteur se traduisant en anglais par Collector, la lettre P ne pouvait signifier percepteur, et cette phrase ne le désignait pas.

Jacquet est convoqué le même soir. Quand il revient avec nous, il est comme toujours confiant, et il nous réconforte en disant que le juge ne paraît pas attacher d'importance aux questions d'espionnage qui faisaient le fond des interrogatoires d'Anvers, que seule l'affaire

Mapplebeck semble retenue et qu'il n'y a pas d'inquiétude à avoir au sujet d'un épisode aussi banal et déjà ancien. Avec sa belle franchise, et son inaltérable sang-froid, Jacquet a déclaré avoir recueilli l'aviateur dans une maison quelconque qu'il ne pouvait préciser faute de souvenir, chez une dame grande, grosse et blonde. Il l'a emmené déjeuner chez lui, mais il n'a plus eu à s'en occuper ensuite, l'Anglais ayant trouvé un logement et venant simplement lui dire bonjour de temps en temps. Au moment de son départ, Mapplebeck lui a demandé de l'accompagner jusqu'à Tourcoing, ce qu'il a fait volontiers. Aucun de ceux qui l'ont conduit ce jour-là n'avait participé à son aventure. Devant les précisions terribles du journal de Mapplebeck, Jacquet ne pouvait nier l'avoir connu.

« Tout cela, dit-il, se terminera par un voyage en Allemagne ; et nous pouvons dès maintenant préparer nos valises d'abord, et nos plans d'évasion, pour ne pas moisir longtemps là-bas ».

Nous avons passé la soirée à dresser des plans d'évasion, selon les régions où nous pourrions être déportés.

Le 3 septembre, Vandenbosch est appelé à son tour pour éclaircir quelques points douteux de ses déclarations d'Anvers et les contradictions qui s'y rencontraient avec la déposition de Verhulst. Vandenbosch subit à ce sujet un interrogatoire serré ; ingénieur et chef d'industrie, homme actif et esprit décidé, il se défend avec énergie et parvient à impressionner assez favorablement le juge ; mais il semble bien qu'il aurait eu du mal à s'en tirer si les déclarations ultérieures de Verhulst, basées sur l'inimitié qu'il témoignait soi-disant pour Vandenbosch, n'avaient jeté le doute dans l'esprit des membres du Conseil.

Boufflers est convoqué ensuite. Fidèle à sa consigne, il déclare qu'il ne sait rien ; que, entré au service de Jacquet comme domestique, il s'est borné à remplir ses fonctions, à exécuter les ordres de son patron et à faire les courses nombreuses que nécessitait son commerce. Il avoue avoir été mobilisé au début de la guerre. Ce fait paraît devoir être seul retenu contre lui.

La soirée est employée à discuter les conséquences hypothétiques de ces interrogatoires. Boufflers aura probablement dix ans à titre militaire et sera envoyé, comme les soldats qui ont déjà été jugés, dans une prison allemande. Le cas de Vandenbosch est plus douteux. Il faut que Verhulst déclare avoir accusé Vandenbosch d'une participation quelconque à l'affaire par pur esprit de vengeance ; il faut qu'il avoue quelque vieille animosité contre lui. La veille, a la fin du jour, en allant à l'urinoir, une querelle a éclaté entre Vandenbosch et Verhulst ; des soldats du bureau, agents de mouchardage, en ont été les témoins. On peut utiliser cette algarade.

Le 4 septembre, dans le courant de l'après-midi, Sylvère Verhulst est appelé chez le magistrat-instructeur. C'est de cette entrevue que dépend le procès. Verhulst cache sous une apparence un peu fruste un esprit très avisé ; son instruction lui permet de connaitre la valeur des mots. Il lui est difficile de nier son rôle de guide, qu'il a avoué à Anvers ; il se contente de le restreindre : il aurait, faute de travail, accepté de guider quelques hommes pour gagner un peu d'argent. Quant aux histoires racontées à propos de Vandenbosch, elles lui auraient été dictées par la colère, Vandenbosch ayant eu l'occasion de le froisser autrefois. La vérité,

qu'on peut dire maintenant, est que Vandenbosch a fortement morigéné Verhulst au printemps 1915, parce qu'il avait laissé égarer une
canne creuse contenant des documents militaires. Cette canne était partie dans un convoi
conduit par Verhulst et attaqué plus tard par
une patrouille allemande. Un ingénieur de
Valenciennes, M. Buchon, fut tué dans cette
rencontre. Dépouillé de tous ses vêtements par
les Allemands, il a été enterré à Selzaete. La
canne abandonnée sur le champ de bataille a
été recueillie par un guide belge, qui a brûlé les
papiers et conservé la canne comme souvenir.

Pour l'affaire Mapplebeck. Verhulst ne peut
malheureusement nier avoir conduit l'aviateur
anglais, ce dernier l'ayant désigné dans son
journal comme son guide à lui et au sergent
belge Habay, passé en même temps de Lille en
Hollande. En outre, l'agenda médical de Verhulst contenait à ce sujet quelques notes et la
copie de l'affiche dite des deux aviateurs.

Interrogé sur les notes en flamand, écrites en
caractères grecs, Verhulst; dont le juge ignorait
les connaissances littéraires, a déclaré ne pas
savoir ce que cela voulait dire; elles auraient
été écrites sur son carnet, a-t-il dit. un soir.

au café, à Gand, et à son avis, ce n'était qu'une plaisanterie. Comme les Allemands n'ont jamais pu interpréter ces notes écrites en abrégé et en mauvais flamand, le magistrat n'y a pas attaché l'importance qu'elles avaient en réalité ; en effet, elles concernaient les emplacements d'une fabrique de munitions et d'un dépôt d'essence dans la région de Gand.

D'après cet interrogatoire, nous croyons que Verhulst sera certainement condamné comme guide de l'aviateur anglais. Quelle condamnation ? Tout cela dépendra, pour lui ainsi que pour les autres, de la valeur attribuée à l'affaire Mapplebeck par le Conseil de guerre et du choix possible entre la manière douce, qui aboutirait à une forte peine d'emprisonnement, et la manière forte, justifiée par l'ancienne affiche de mars, où l'on menaçait de la fusillade toute personne qui donnerait une aide quelconque aux aviateurs anglais.

L'instruction commencée par Behrend, qui est malade, est continuée par le conseiller de guerre Dresen.

Le 5 septembre, il y a eu repos. Le lendemain, ont été interrogés successivement Maertens, Deconinck, Lescuyer, Van Heuverswyn et l'orrest. Maertens vient nous rejoindre un peu inquiet ; le magistrat a exigé un tas de précisions sur le jour ou l'heure du départ de Mapplebeck, sur les détails du voyage jusqu'à Tourcoing, sur sa collaboration réelle dans cette affaire. Il nous paraît que Maertens a un peu perdu pied dans cette profusion de détails. Il a expliqué au juge que, comme cela lui arrivait fréquemment, il est venu ce matin-là chercher Jacquet pour aller avec lui faire un tour aux Halles, où l'on trouvait parfois des occasions de ravitaillement familial. Jacquet lui aurait dit :

« Je ne vais pas aux Halles ce matin ; je vais jusqu'à Tourcoing conduire Monsieur », et désignant Mapplebeck, il aurait ajouté : « Viens-tu avec nous ? » Il faisait beau temps ; Maertens, qui adorait les promenades, a accepté et est parti avec eux. Jacquet et Mapplebeck marchaient devant, causant en anglais ; Mademoiselle Jacquet et Maertens les suivaient. Maertens a déclaré ignorer la personnalité de Mapplebeck et n'avoir collaboré en rien à l'organisation de son départ.

Maertens n'a pas été autrement inquiété pour avoir entretenu des soldats ; les Allemands de Lille semblent n'avoir pas connu ses fonctions de payeur général, en quelque sorte d'officier d'administration, distribuant les soldes, les vêtements, les souliers, les bons de viande, etc.

Deconinck, qui lui succède, n'a pas nié qu'il était soldat ; il a déclaré avoir participé à la campagne dans la région, avoir été proposé pour le grade de sous-lieutenant le 5 octobre 1914 et avoir assisté à la défense de Lille les 10, 11 et 12 octobre. A la suite de la reddition de la place, il s'est caché pour éviter les camps d'Allemagne. Il a vu l'aviateur anglais chez Jacquet deux ou trois fois, mais il n'en sait pas davantage. Il semble que le magistrat a des preuves suffisantes contre Deconinck au sujet de l'entretien des hommes et de l'organisation de leur départ. Richard a fait à ce sujet des déclarations précises : il ne connaissait cependant pas beaucoup Deconinck, et ignorait même l'orthographe de son nom, ainsi que le prouve une note écrite par Richard, et que j'ai retrouvée à Gand, cachée avec des papiers de Deconinck à la « Ville d'Audenarde ». Richard se présentait, au cours de ses recherches policières en Belgique pour le compte des Allemands, comme avocat ou comme médecin, et l'un des principaux agents du comité de Lille. Voici cette note qui indique, par le fond et la forme, une instruction plutôt négligée ;

« Anvers, le 6.

« Monsieur Deconacq,

« Je consents avoir vercé à M. Silvert la « Somme exacte de 150 fr. cent cinquante francs « ayant dû vivre sur La Différance à trois vu « que nous navions pas d'argent pour vivre.

« Recevez mes sincères salutations.

« L. De Richard.

« P. Charlier et G. Defrance. »

Les deux compagnons de Richard dans ce voyage ont signé ce papier.

Au verso, on lit ceci :

« M. Decon,

« Les 2 équipes sont parties séparément, il leur a été remis cent cinquante francs pour Le Passage et Le Vivre.

L. De Richard. »

Les papiers que Deconinck a pu faire disparaître au moment de son arrestation et que j'ai retrouvés avec l'autographe de Richard, contenaient la liste des otages enlevés de Roubaix le 3 juillet 1915, divers renseignements sur des mouvements de troupes allemandes, l'arrestation de M. G. Delaplanche, ingénieur à Lille, et l'emplacement de six canons anti-avions.

Le magistrat instructeur aurait voulu avoir des précisions sur les soldats cachés à Lille, sur leur nombre, leurs logements, les départs effectués, etc. Deconinck a déclaré avoir rencontré dans Lille, au hasard de ses sorties, quelques soldats de sa compagnie, et leur avoir parfois remis quelques secours. La justice allemande n'a que des présomptions sur son rôle réel ; elle ignore ses voyages fréquents en Belgique, et même en Hollande et en Angleterre. .

Lescuyer, appelé ensuite, nous est revenu tout guilleret : c'est un fin renard ; il a essayé de rouler le juge, et il semble bien qu'il ait réussi. Il faisait, a-t-il dit, du commerce de ravitaillement, allait souvent en Belgique chercher des marchandises « autorisées ? » ; il a avoué avoir à l'occasion fait des « chopins » sur des marchandises défendues. « C'est le commerce, Monsieur l'officier ; on achète ce qu'on peut et ce qui rapporte ». Que faisait-il chez le guide Vestens à Olsene ? Vestens tient un hôtel à Olsene ; il ne le connaît pas autrement. Et comme Vestens, devenu fou, a disparu de l'asile d'Esquermes où l'Administration allemande l'avait placé en observation, il est impossible de l'appeler en témoignage.

Van Heuverzwyn, interrogé ce même soir, est accusé d'être un passeur célèbre, le nommé Georges Daens. Van Heuverzwyn fait l'idiot, ne comprend pas ce qu'on lui demande et s'obstine à répéter qu'il s'appelle Julien. Le juge Behrend le considère comme fou et n'insiste pas.

La journée se termine par l'interrogatoire de Forrest. Forrest déclare que, s'ennuyant à Lille et craignant de n'y avoir plus ses commodités, il a voulu retourner en Angleterre ; il n'a jamais eu l'intention de s'engager dans l'armée anglaise, comme on le lui a fait dire à Anvers. Interrogé sur l'origine de l'argent trouvé sur lui, il démontre que cet argent est bien à lui et que M. Lefebvre, administrateur de sa Société, n'a pas eu besoin de lui avancer de l'argent.

Nous résumons le soir cette journée plus chargée : Maertens et Deconinck seront certainement condamnés avec sévérité. Mais, pour eux, comme pour Jacquet et Verhulst, cette sévérité dépendra de l'état d'esprit du Conseil de guerre et des ordres venus de haut lieu. Il est toujours à craindre que le gouverneur de Lille, Von Heinrich. s'en tienne férocement aux termes de l'affiche des deux aviateurs. Lescuyer peut s'en tirer dans de bonnes conditions. Forrest, qui s'est lavé du soupçon d'espionnage, sera probablement retenu pour le simple délit de tentative de passage. Van Heuverzwyn est dans une situation délicate ; les rapports d'Anvers sont très affirmatifs ; Meier et Schmidt sont convaincus qu'il est bien le guide Georges. Sur une carte de visite de Julien Van Heuverzwyn qui est en ma possession, Meier a inscrit à côté de la photographie de Julien, ces mots : « Georges, — Oostacker — notre portefeuille ». Seule, l'incohérence voulue de ses réponses peut sauver Julien.

Le conseiller Dresen est perplexe à son sujet ; aussi le fait-il rappeler le 8 septembre. Van Heuverzwyn joue habilement la même comédie que la veille.

Le 9, Piquet est interrogé uniquement sur sa situation militaire : étudiant en médecine en sursis d'appel, interne des hôpitaux. Verhulst est convoqué à nouveau pour quelques questions complémentaires, en particulier à mon sujet. Là, nous sommes parés et sérieusement parés ; il n'y a rien à faire pour un juge d'instruction, surtout pour un juge d'instruction allemand.

Puis, les interrogatoires paraissent terminés. On nous laisse tranquilles plusieurs jours. Nous repassons les interrogatoires, nous comparons les déclarations, nous construisons des hypothèses, nous cherchons à percer les mystères de l'instruction, nous voulons violer l'avenir.

Il nous semble évident que l'affaire Mapplebeck tient ici la première place ; il nous semble également évident que les policiers d'Anvers n'ont pas livré à la justice de Lille tous les renseignements qu'ils possèdent, aussi bien sur cette affaire de l'aviateur que sur les autres questions ; en effet, le journal de Mlle Jacquet, qui contient peu de choses pour l'accusation, est à peine évoqué dans l'interrogatoire de Jacquet. A-t-il été remis au complet ? Le rôle important de Deconinck était beaucoup mieux connu par Meier et Schmidt qu'il ne paraît l'être ici.

Les contradictions entre les déclarations de Vandenbosch et celles de Verhulst sont certainement atténuées et paraissent faciles à effacer. Les accusations de fabrication de faux papiers portées à Anvers contre moi sont ignorées de

Behrend et de son successeur Dresen, ou laissées dans l'oubli ; soit que le juge ne considère pas comme preuves suffisantes les aveux de quelques soldats, soit par suite de l'absence totale de preuves matérielles : les perquisitions chez moi n'ont rien donné ; les faux papiers qui s'y trouvaient ont été détruits sous le nez même des agents ; et les faux papiers qui se trouvent en la possession des Allemands ont trop bien l'apparence de papiers authentiques.

Pour la plupart d'entre nous, il n'y a que les dénonciations de Richard et des présomptions. Le juge semble vouloir posséder les preuves. Les seules qu'il ait sont relatives à l'aventure de Mapplebeck ; le journal de l'Anglais est une pièce dangereuse pour quatre d'entre nous.

*
* *

Pendant une petite semaine, nous ruminons ces pensées, nous les étalons, nous les torturons, nous essayons d'en tirer les espoirs nécessaires, et, selon que le ciel est à peu près bleu ou que plus souvent il nous écrase par les mailles de nos grilles sous sa coupole de plomb, selon les impressions de l'heure, nous sommes optimistes et nous escomptons de légères condamnations et une déportation générale en

Allemagne; ou bien nous broyons du noir et nous craignons de voir s'accomplir les ultimes sacrifices.

Nous communiquons au dehors, aux nôtres, nos impressions mobiles, et nous recevons des réponses également changeantes, selon les bruits qui courent en ville. Tantôt on nous écrit que nombre d'officiers supérieurs sont enclins à la clémence, tant à cause de l'ancienneté de l'affaire que de la situation sociale et familiale de plusieurs inculpés. Tantôt on nous apprend que Von Heinrich est toujours furieux et veut faire un exemple.

Les soldats du bureau nous transmettent aussi les nouvelles recueillies dans les milieux allemands; ces nouvelles nous sont en général favorables, parmi les réticences germaines et les pièges ordonnés. Et tous nous souhaitent un prochain départ pour l'Allemagne, où nous trouverons la fin de nos épreuves, où nous serons comme en paradis.

Par ces soldats, nous apprenons que le procès commencera dans quelques jours, jeudi 16 ou vendredi 17, et les heures passent, non plus dans la douce quiétude des premiers jours, mais dans une attente un peu anxieuse, sous pression. Cela ne met pas obstacle toutefois aux longues parties de cartes, aux causeries animées et aux concerts fantaisistes. Et le soir après avoir épuisé nos sacs d'anecdotes, nous nous endormons dans les rires, mollement bercés par les chansons américaines de Jacquet, qui demeure impavide, toujours gai, exubérant et attentif.

Et, dans la nuit, des lueurs passent ; Forrest, nu comme un ver, accroupi sur sa paillasse, fait à l'aide d'une lampe de poche la chasse aux parasites et immole ses victimes au cri sauvage de : « Bloody beast ! ».

*
* *

Cependant, rue Royale, dans une somptueuse demeure volée à ses légitimes habitants, le vieux soudard veillait. Von Heinrich n'avait pas digéré la folle plaisanterie de l'aviateur Mapplebeck. Depuis des mois, il portait cette plaie saignante ; sa joue lui brûlait sous l'affront, comme d'une balafre de « mensur » ; et dans son âme de reître germait la vengeance.

Depuis notre arrestation, née du hasard et de la trahison, Von Heinrich tenait sa proie. Il lui fallait des victimes expiatoires. La justice d'Anvers avait failli les lui enlever. Par la ruse, par la patience, il les avait reconquises ; elles ne devaient plus lui échapper.

Ainsi la « bagatelle » de l'affaire Mapplebeck passait au premier plan ; tout le reste, haute trahison, espionnage, entretien de soldats français, passage en Hollande, relations avec les puissances adverses, faux papiers, tout cela ne comptait plus guère. Il ne demeurait, dominant le débat, pour cette brute, que le simple fait d'un jeune Anglais qui s'est affreusement moqué de Son Excellence, qui a vécu un mois à Lille malgré sa police maladroite, ses menaces illusoires et ses offres injurieuses, qui a pu passer en Hollande et qui est revenu en avion presque tous les jours tracer au-dessus de la ville des courbes ironiques, et qui lui a envoyé, suprème insulte, cette lettre irritante, comme la piqûre d'un taon.

Le tigre ne pouvait pardonner au moucheron ; mais, ne le pouvant saisir, il préparait contre d'autres une vengeance sanglante.

De cette haine vivace proviennent les singularités de l'instruction, la mise à l'écart de la plupart des dépositions d'Anvers, les négligences inexpliquées, les tendances du procès de demain.

XIV

LE GRAND PROCÈS
(Suite)

Après ces quelques jours de repos, le 14 au soir, Jacquet, Déconinck, Maertens et Boufflers ont été appelés au bureau. Ils vont enfin voir le fameux avocat d'office annoncé depuis une quinzaine.

Au bout d'une petite heure, ils reviennent. Comme Jacquet s'approchait de notre fenêtre, il nous dit : « C'est la peine de mort : je vais être fusillé dans trois ou quatre jours ».

En effet, l'avocat, Meyer, oberleutnant au 37ᵉ d'infanterie bavaroise, procureur royal à Wurzbourg, a déclaré à Jacquet que le Conseil de guerre siégera après-demain, que lui-même, Jacquet, sera condamné à mort, qu'il n'y aura pas de recours en grâce et qu'il sera fusillé dans les deux ou trois jours pour l'affaire de l'Anglais et pour soupçon d'espionnage. Il n'y aurait rien de décidé pour les autres.

On aurait donc choisi la manière forte. C'est le moment d'agir. Nous n'ignorons pas que, dans l'Administration militaire allemande, il y a, comme dans beaucoup d'autres Administrations, des discordes constantes. Nous avons déjà profité dans une certaine mesure du désaccord régnant entre les juridictions d'Anvers et de Lille. Or, le Gouverneur de Lille et l'État-Major de la 6e armée, commandée par le prince Rupprecht de Bavière, sont également en mauvais termes. Peut-être pourrait-on jeter Rupprecht dans les jambes de Von Heinrich ?

Il fallait prévenir au dehors. Nos commissionnaires accoutumés, des boches domestiqués et salariés, ne pouvaient servir en cette occurrence. Il nous fallait, pour une telle mission, un messager plus sûr.

C'est le « Festungskabinetsgeheimrat », ou plus familièrement le « Dreckmeister », qui fut désigné pour cet office, pour l'unique raison que c'était le seul français qui pénétrait régulièrement dans la prison de la citadelle et qui en pouvait sortir ; c'était un vieil ouvrier au service de la Voirie municipale, qui venait tous les jours procéder au nettoyage de nos latrines : un vieux brave homme, qui avait assez de goût pour le genièvre. Moyennant un mark ou deux, il faisait convenablement nos commissions, excepté les samedis et les lundis, qu'il célébrait d'une façon particulière. On pouvait lui donner, les autres jours, des missions confidentielles, délicates et dangereuses ; il savait insérer dans quelque repli secret de ses amples vêtements les billets destinés à des amis qu'on ne voulait pas compromettre en envoyant chez eux des soldats allemands. C'est le « Dreckmeister » qui fut notre agent de liaison, indirect mais sûr, avec Rupprecht de Bavière. Par lui furent prévenus ceux qui trouvèrent moyen de faire tenter des démarches auprès du commandant de la 6ᵉ armée.

Nous avons aussi envisagé la possibilité d'une évasion : Jacquet s'y est opposé énergiquement, en faisant valoir les dangers que courrait sa famille. Les Allemands, qui n'ont pas hésité à arracher de son lit Madame Fourmentrau, parce que son mari s'était enfui, n'hésiteraient pas à emprisonner les familles de ceux d'entre nous, Lillois, qui s'évaderaient.

*
* *

Cependant, le grand jour est venu.

Hier soir, un gardien nous a avertis que le procès commencera demain matin, jeudi 16 septembre. De bonne heure, nous voyons arriver dans la cour de notre prison plusieurs officiers en tenue de campagne, casques encapuchonnés. On vient appeler vers 7 heures Jacquet, Verhulst, Boufflers, Lescuyer, Van Heuverzwyn. Vestens, Maertens, Godfroid. Ce dernier, d'ailleurs appelé par erreur ce jour-là, est abandonné dans la cour toute la matinée. Vestens, envoyé comme fou à l'asile d'Esquermes, s'en est évadé et fait défaut.

Mademoiselle Geneviève Jacquet, convoquée comme témoin à charge, se promène dans la cour, ainsi que Meier et Schmidt, les deux policiers d'Anvers. On voit de temps en temps, ce jour-là et le lendemain, errer la silhouette louche du traître Richard.

Le tribunal est présidé par le commandant Dresen, qui avait remplacé Behrend pour l'instruction, et siège dans l'ancienne salle d'honneur de la Citadelle.

J'emprunte au *Matin* du 15 février 1916 cette excellente vision de la séance, telle que l'a dépeinte Marcel Deschamps, devenu depuis lors, par son mariage avec Geneviève Jacquet, le gendre de notre ami.

« Stéréotypés dans une pose emphatique et raidis dans leurs uniformes, dix officiers assistent le commandant Dresen. L'oberleutnant Meyer, docteur en droit, avocat d'office, présentera la défense des accusés.

Dominant le banc des juges, un énorme écusson, aux armes impériales, s'incline comme l'enseigne parlante de ce tribunal d'exception. L'aigle de Prusse y éploie la rigidité funèbre de ses ailes et l'implacabilité de ses serres crispées.

Baïonnette au clair, des soldats gardent les portes. L'éclair d'acier des armes est la seule note franche en cette trouble atmosphère de vérité frelatée et de fausse majesté. Le sinistre apparat de cette parodie de justice empruntera tout au long sa seule solennité de l'attitude des victimes.

Attitude digne et calme, et qui ne se démentira pas un seul instant durant les deux journées et les quatre audiences du procès. Si les longues rigueurs de l'incarcération ont plombé leur visage, creusé à leurs lèvres le pli amer des souffrances contenues, leur parole est vibrante, leur voix nette, bien trempée ; ils répondent sans émoi aux questions qu'on leur pose, et dans leur regard clair, devant lequel plus d'une fois l'insolence des juges devra baisser les yeux, rayonne la sérénité hautaine du devoir accompli.

Lecture faite de l'acte d'accusation, criblé de ces menus détails dont les policiers allemands, en gens qui voient petit, assaisonnent leurs rapports, on procède à l'audition des témoins. Témoins pour la plupart inconnus des quatre amis. On s'est donné bien garde de convoquer des gens de Lille. Ceux qui déposent sont des espions à gages, toute la valetaille sordide et sans scrupules que la kultur implante au territoire annexé.

Avec une tranquille assurance, nullement intimidé par les tranchantes apostrophes, les ricanements haineux du procureur et de ses aides, M. Jacquet discute les preuves, les arguments fournis. Non qu'il daigne ergoter, s'embarrasser de vaines arguties, en désespéré qui se cramponne à tous les angles et joue peureusement ses dernières chances de salut. Son courage ne bronche pas. N'a-t-il pas tout à l'heure dès l'ouverture de l'audience revendiqué hautement la pleine responsabilité de ses actes ? Mais son lucide bon sens répugne aux allégations tortueuses. Sa droiture s'indigne de ce fatras de mensonges. S'il conteste les dépositions, réfute les témoignages invoqués, c'est uniquement pour mettre les choses au point. Et chevaleresquement, tout au long des débats, il accumule sur sa tête, dans la folle espérance de sauver celle de ses compagnons, les pires charges du procès. Tour à tour, Maertens, Deconinck et Sylvère Verhulst feront de même. Ils ne veulent point demeurer en reste de générosité avec l'homme dont la seule grandeur d'âme a fait leur chef. Tous trois s'acharnent pareillement à vouloir le sauver.

Émulation cornélienne, tournoi magnanime, où de modestes enfants du peuple : un sous-lieutenant de territoriale, hier employé d'octroi ; un humble colporteur, un voyageur de commerce, un simple négociant, s'égalent soudain aux plus idéales et sublimes figures de la légende et de l'histoire. Et il est bien, en somme, il est juste que, durant les minutes de beauté de cette émouvante contestation, de ce débat grandiose, des officiers allemands, à qui leur double qualité de soldats et de justiciers devait, à défaut d'émotion, commander au moins le respect, ne songent à rien d'autre qu'à se polir les ongles, ironisent et goguenardent, se chuchotent à l'oreille des gravelures et des fadaises. »

Après son interrogatoire, qui a duré longtemps, Jacquet est envoyé dans la cour ; il vient nous parler au grillage :

« Tout va bien, dit-il, toujours confiant et gai, cela marche : ils n'auront pas encore ma peau. »

Mais l'audience continue, Jacquet est rappelé.

« Avec ce génie effrayant du mal, continue Marcel Deschamps, qui, chez ces barbares en frénésie de kultur, passe pour la force la plus raffinée de l'intelligence, ils se sont dit : « Il n'est qu'un moyen de réduire l'arrogance de cet homme, dont le fol orgueil pour nous braver s'abrite sous le sentiment absurde de ce qu'il nomme son devoir. C'est de l'atteindre dans son enfant, sa fille aînée, — la confidente après la mère, — sans doute la préférée, la plus près de son esprit et de son cœur. Il faut qu'à travers elle sa chair soit mordue par la crainte. tenaillée par l'angoisse. Sûr moyen d'abattre sa résistance. Et la frayeur le jettera, pantelant de détresse, implorant, à notre merci :

Geneviève Jacquet a reçu ordre impérativement d'assister au procès : non comme accusée, ce qui à la rigueur serait encore explicable, mais comme témoin, — et, mesurez dans ce seul fait toute la puissance d'ignominie de l'âme teutonne — comme *témoin à charge*. Oui, ils ont osé cette chose monstrueuse : tenter de faire témoigner l'enfant contre le père. Mais voici où l'infâme rouerie se retourne contre eux.

E. Jacquet ignore que sa fille doit comparaître à l'audience. En la voyant entrer, un nuage a passé dans ses yeux, un frisson glace son cœur. La durée d'un éclair et son cœur s'est repris. Sous le coup de fouet de la souffrance, son courage a rebondi plus haut. Il a dit à l'enfant, émue et craintive, ces seuls mots :

— Petite, tu ne dois pas avoir peur ; je suis là....

Et Geneviève a compris. Électrisée par son regard, rassurée par son fier et tranquille sourire, l'enfant s'est redressée, a refoulé ses craintes et, doucement intrépide, affronté ses tourmenteurs. Ni les menaces ni les insinuations n'auront prise sur elle. Elle se maintiendra jusqu'au bout la digne fille d'un tel père. On lui fait prêter serment.

— Vous jurez de dire toute la vérité ? Sinon, lui fait observer le président Dresen, vous serez condamnée à dix ans de travaux forcés.

— Pardon, à quinze ans de réclusion, corrige doucereusement, légiste pointilleux, un capitaine assesseur. Et l'interrogatoire commence. Il se poursuit sans relâche toute une heure, sera repris l'après-midi et encore à l'audience du lendemain, sous le regard impudent et moqueur des dix reîtres, dont pas un n'aura un élan de pitié pour la faible victime. A tour de rôle, ils la dévisagent, se parlent de côté en la fixant, ricanent à la plupart de ses réponses, l'apostrophent avec des grâces insolentes de palefrenier muscadin, se targuent de fasciner le chétif oiselet de France qui se débat aux rêts captieux de l'odieuse machination.

Mais, par instants, les yeux du père s'appuient sur elle, ses yeux ardents et doux, empreints de la sérénité des grandes choses héroïques. Elle y puise de tendres forces, y retrempe avidement son courage et son cœur. Comme peu à peu elle s'anime, exalte la générosité de l'œuvre accomplie par son père :

— Silence, interrompt brutalement le procureur Dresen. On ne vous a-pas fait venir ici pour témoigner en faveur de votre père, mais au contraire pour attester la vérité....

Au contraire.... C'est-à-dire pour aggraver les charges qui pèsent sur l'infortuné. Seul un Allemand, devant des Allemands, pouvait sans honte proférer de pareilles choses.

Mais la rage des bourreaux est parfois moins tenace que la force surprenante qui anime la faiblesse de leurs victimes. Le chétif oiselet de France s'est si bien défendu, a si vaillamment battu de l'aile, qu'il a fini par user la rapacité tatillonne et lourdaude du grand aigle de Prusse, qui étale là-haut la noirceur de ses plumes et crispe en vain ses serres désabusées.

M{ᵉˡˡᵉ} Jacquet et renvoyée à son banc.... »

L'audience est suspendue à midi ; nos camarades sont ramenés à la chambrée N⁰ 9 ; et nous prenons notre repas aussi gaiement que d'habitude. Jacquet étale un optimisme contagieux. Vers une heure et demie, l'audience est reprise. Mlle Jacquet est reconduite dans la salle où sont rassemblés les inculpés de ce matin.

« Il faut qu'elle assiste jusqu'au bout à l'affreuse tragédie. Soit ! Du moins, elle entendra. Elle se souviendra. Un jour viendra peut-être où elle pourra parler, où le simple récit de ce qu'elle a vu et entendu soulèvera de haine et de mépris, mais aussi fera frémir d'un grand frisson d'admiration et de pitié le cœur entier de la patrie.

Elle a entendu le procureur Dresen s'étonner que Sylvère Verhulst n'ait point songé à dénoncer les fugitifs auxquels il servait de guide vers la frontière. Elle l'a entendu, sur un ton de dédain, lui lancer cette apostrophe :

— Saviez-vous que vous auriez pu gagner si vous aviez voulu près de deux cent mille francs ! Une fortune... Elle a entendu Sylvère répondre :

— Je suis soldat belge. Je me suis battu pour défendre mon pays et j'ai été blessé à Termonde. Il y a des choses dont la seule pensée déshonorerait un soldat et qui, pour ceux qui osent en parler, équivalent à une infamie.

Elle a entendu l'officier, à la droite du président de la Cour, chuchoter à mi-voix à l'oreille de celui-ci en désignant Sylvère :

— Quel crétin !….

Elle a entendu le procureur Dresen. en vertu du paragraphe 90 du Code militaire allemand (Der Feinden Mannschaften Zufuhrt) et par application des peines prévues aux paragraphes 58 et 160 du même Code, requérir quatre fois la peine de mort, dix ans et quatre ans de travaux forcés, contre son père, sur six chefs d'accusation, une fois la peine de mort et dix ans contre Maertens, une fois la peine de mort et dix ans de travaux forcés contre Verhulst, dix ans de travaux forcés contre Boufflers. quinze ans contre Lescuyer ou l'acquittement, quinze ans ou la mise en surveillance dans un asile pour Van Heuverzwyn.

Elle a entendu — surprise presque heureuse dans le noir de sa détresse, seul écho de pitié dans cette froide conspiration de haine — la plaidoirie de l'oberleutnant Meyer. Plaidoirie sobre, véhémente, généreuse. Habileté oratoire (il est avocat de profession) ou émotion sincère, le défenseur a trouvé des accents chaleureux, dignes d'émouvoir des juges moins prévenus.

Mais pouvait-il ignorer que leur sentence fût rendue d'avance ! »

Un autre avocat d'office plaide à son tour, avec la même chaleur, peut-être plus brillamment encore. La plupart des sentinelles pleuraient.

Et le soir, à nouveau réunis dane notre chambrée, nous avons résumé les débats de cette première journée. Dresen a fait montre d'un parti-pris évident : il obéit à un mot d'ordre sévère, féroce. Mais les interrogatoires ne paraissent pas lui avoir fourni ce qu'il en espérait. Les plaidoiries semblent avoir entamé l'arrogante impassibilité des juges. Le délit d'espionnage tombe, faute de preuves. Dumont, qui a été appelé comme témoin, pour un détail, a beaucoup d'espoir. Quant à Jacquet, il est admirable ; il ne tarit pas de plaisanteries sur les nombreuses années de prison qu'il doit faire après avoir été fusillé quatre fois, et il voudrait savoir en quoi consiste la perte des droits civils et politiques pour un Français jugé par des Allemands.

Cependant, afin de parer à tout, Jacquet me remet la lettre suivante :

« Mon cher Bardou,

« Je viens te demander de faire exécuter mes dernières volontés comme suit quand cela sera possible.

» Je veux être enterré civilement, avec le concours de la Franc-Maçonnerie, de la Libre-Pensée et du Parti socialiste tel qu'il sera reconstitué après la guerre.

» Je te laisse absolument maître de laisser faire à cette occasion toutes manifestations que tu pourras juger utiles aux idées que nous défendons et au Parti socialiste, auquel j'avais adhéré avant la guerre.

» Je te remercie de vouloir bien te charger de cette corvée.

» Cette lettre te servira d'autorisation pour ma femme et mes enfants, qui seront très heureux de se mettre à ta disposition.

» Salut et fraternité.

» Eugène JACQUET. »

Il était entendu que, dans le cas où il m'arriverait malheur, c'est Dumont, averti qu'il allait profiter d'un non-lieu, qui se chargerait de l'exécution de nos dernières volontés.

Enfin, Jacquet me remet la note concernant les irrégularités commises autour de son procès :

1º C'est l'agent de sûreté qui nous a arrêtés, qui a l'instruit l'affaire à Anvers par des procédés spéciaux. Cet agent est Jakob Meier, de Cologne.

2º Le Conseiller de guerre, qui a instruit à Lille, Dresen, après avoir fait fonction d'officier rapporteur a siégé au Conseil de guerre, a présidé les débats et a procédé à l'interrogatoire des accusés.

3º La fille de Jacquet a été citée comme témoin à charge.

4º A la fin de l'audience, après les interrogatoires et avant les plaidoiries, a été luc aux juges la déposition de Richard, en allemand, et la traduction n'a pas été communiquée aux accusés. »

Puis nous nous sommes endormis, après avoir échangé, comme tous les jours, les plaisanteries coutumières.

**

Le lendemain, vendredi 17, de bonne heure, comme la veille, la cour de notre prison voit défiler, guindés et insolents, les mêmes officiers en tenue de campagne. On vient appeler Deconinck, Vandenbosch, Bourriez et Delfosse. Des cellules du haut, nous voyons descendre Lefebvre. Mme Leclercq-Bourgeois est extraite d'une cellule voisine de la chambre du Conseil. Jacquet et Verhulst sont convoqués comme témoins au cours de l'audience. On appelle Forrest, comme témoin également, un peu plus tard. Les interrogatoires sont menés rondement, plus brutalement que la veille ; il semble que Dresen ait hâte d'achever sa corvée. Du ton dont on expédie les affaires banales, Dresen liquide rapidement les derniers inculpés. A peine insiste-t-il un peu pour Deconinck. Peut-être cherche-t-il à enfoncer Vandenbosch, qu'il tient assez longtemps? Grâce aux réponses étudiées de Verhulst, la psychologie primitive des juges allemands est facilement mise en défaut.

Dresen aurait voulu également charger Lefebvre, qui était soupçonné de fournir les fonds de l'Œuvre. Les réponses volontairement ingénues de Forrest ont désarmé par le rire les boches.

L'origine de l'argent inquiétait fortement la justice allemande. Jacquet, au cours de ses interrogatoires et de ses dépositions, avait déclaré que l'argent provenait d'une caisse constituée au printemps 1914 pour organiser aux grandes vacances un voyage sur les bords du Rhin ; on devait, dans ce voyage, chercher à renouer avec des coreligionnaires politiques les relations interrompues depuis 1871. Jacquet donna comme preuve une circulaire du Groupe de Nancy, qui avait pris l'initiative de cette opération. L'argent recueilli étant demeuré sans emploi, avait été consacré à des secours distribués aux nécessiteux de Lille, spécialement aux pauvres honteux, sans qu'on ait eu à se préoccuper de leur âge, de leur sexe ou de leur situation militaire.

Cette version fantaisiste paraît avoir été acceptée, au moins en partie.

A la fin des débats, Dresen, ayant demandé aux accusés s'ils avaient quelque chose à ajouter pour leur défense, s'attira de Jacquet cette noble réponse :

« J'ai agi selon la loi de ma conscience, dans la plénitude de mes droits et de mon devoir de citoyen français. Je ne regrette rien de ce que j'ai fait et je ne crains pas la mort. Je ne demande qu'une grâce : que la vie de mes compagnons soit épargnée. »

D'un même élan, Maertens. Deconinck et Verhulst répondirent :

« Nous avons accompli les mêmes tâches. Nous

avons le droit à la même récompense : celle de mourir ensemble. »

A midi et demi s'est terminée cette seconde audience : Dresen a proposé les condamnations suivantes : pour Deconinck, trois fois la peine de mort, dix ans de travaux forcés, quatre ans de travaux forcés et six mois de prison ; pour Vandenbosch, l'acquittement avec déportation dans une ville allemande ; Lefebvre, Bourriez, Delfosse et Mme Leclercq sont acquittés.

Dumont et Mme Fourmentrau bénéficient d'un non-lieu.

Après déjeuner, nous étudions les diverses solutions que nous réserve l'avenir. Comme les jours précédents, nous tirons des conclusions identiques : si l'autorité allemande use de la manière forte, quatre de ceux qui ont été jugés hier et aujourd'hui peuvent payer de leur vie la trahison de Richard et l'imprudence de Mapplebeck.

Condamnés à mort, ils ne doivent compter que sur la clémence impériale. Un nouvel avis est transmis en ville par les bons soins du « dreckmeister ».

Si Von Heinrich désarme, c'est tout au moins la prison jusqu'à la fin de la guerre.

Pour les acquittés, il semble que la déportation dans un camp allemand leur est réservée. Vandenbosch a été prévenu par l'interprète qù'il allait partir en Allemagne.

Quant à ceux qui n'ont pas été jugés dans ces deux journées, la situation est incertaine : les uns doivent compter sur une condamnation légère ou même un acquittement ; les autres savent qu'une nouvelle instruction va s'ouvrir à leur sujet. Là encore, tout dépendra des ordres venus de plus haut.

Une fois toutes ces questions retournées, ressassées, discutées, la vie reprend comme de coutume dans notre bonne chambrée.

Vers cinq heures du soir, nous faisions une bruyante partie de cartes. quand Max Rosenbaum, accompagné de deux sentinelles, est venu en pleurant chercher nos quatre amis, Jacquet, Maertens, Deconinck et Verhulst, pour les isoler, malgré la promesse qui nous avait été faite de les laisser avec nous.

Triste soirée ! L'âme de notre groupe n'était plus là pour nous rendre le courage, l'énergie, l'inaltérable bonne humeur. Nos gardiens habituels sont venus pleurer dans notre cellule, tout en essayant de nous persuader que la grâce serait certainement accordée.

La nuit se passa. sans qu'aucun de nous ait pu trouver le sommeil:

Samedi, de bonne heure, nous avons pu échanger quelques signes à travers nos grillages. Nos quatre amis étaient logés dans une cellule basse, située près du bureau allemand de la prison : la fenêtre donnait obliquement sur notre cour. Nos promenades eurent lieu aux mêmes heures ; et pendant que nous marchions dans la cour du bas. eux-mêmes se trouvaient en haut du talus, sur le chemin de ronde. Nous pouvions ainsi causer malgré les hurlements des sentinelles. C'est ainsi que j'ai tenu au courant Jacquet et ses compagnons, ce jour-là et les jours suivants, des démarches faites en leur faveur. Les billets portés par notre singulier messager avaient remué toute la ville, les milieux allemands comme la population lilloise. Ce fut d'abord Auer, député social-démocrate au Reichstag, qui fit une première démarche auprès du prince de Bavière le vendredi 17.

Le samedi 18, une importante délégation de quatre-vingt notables lillois : administrations, magistrature, clergé, Université, fit une nouvelle démarche. Rupprecht promit d'essayer de sauver nos malheureux amis, et partit pour Berlin, afin d'arracher les grâces à l'empereur.

Mais aucun de nos camarades ne paraissait se faire beaucoup d'illusions ; ils avaient trop bien senti le haineux parti-pris de Von Heinrich pour conserver quelque espoir de lui échapper. Le recours en grâce ne fut transmis officiellement que le plus tard possible avec cet avis que, dans tous les cas, la justice suivrait son cours. Enfin le 21 septembre, après-midi, les jugements furent signifiés, portant que les quatre condamnés seraient fusillés le lendemain à la Citadelle.

Le « *Matin* » du 17 février 1916 raconte ainsi la scène :

« La lecture achevée, Jacquet demande simplement :

— Sommes-nous autorisés à revoir notre avocat ?

— Impossible.

— Nous accordera-t-on du moins d'embrasser une dernière fois les nôtres ?

— Soit.

Un sergent va, séance tenante, prévenir les familles. La durée de chaque entrevue ne devra excéder un quart d'heure.

— Vous n'avez rien de plus à solliciter ?

— Rien.

Le commissaire se retira, après avoir fait doubler le nombre des sentinelles au bas de l'escalier qui donne accès sur la prison.

— Soyons heureux, mes amis ! notre sort est fixé, s'écrie le lieutenant Deconinck.

— Demain la délivrance !...

C'est Maertens qui parle ainsi. Il y a comme une pointe d'allégresse dans son exclamation. L'dée de n'être plus lui grise le cœur à la façon d'une joie subite.

Étrangeté des contrastes ! Ce grand garçon brun, hardi, vigoureux, en dépit de la cinquantaine ; ce gai Lillois, à demi-Parisien, épris de plaisirs, de choses d'art, de mouvement, et qui porte aux lèvres le goût chaud de la vie, devrait, plus qu'un autre, en caresser le regret.... Non, la mort héroïque, au service d'une noble idée, le séduit à la façon d'une dernière et palpitante aventure à courir.

— Si nous ne sommes pas prêts à faire le grand voyage, ce ne sera pas faute d'avoir le temps de nous y préparer, insinue plaisamment Sylvère. Les Allemands nous ont accordé quinze heures pour faire nos paquets. Ils sont grands et généreux.

.... Il est quatre heures du soir. Lentement le soleil décline. Les premières ombres du soir touchent les murs de la prison. Mais comme il fait clair en eux, comme leur âme est lumineuse et sereine ! La clarté qui baigne leur passé en ces minutes solennelles est de celles que la nuit n'éteint pas.... »

XV

LES ADIEUX

Nos quatre amis attendent leurs familles.

Minutes douloureuses !

Partagés entre la crainte que, selon leur coutume, les Allemands ne tiennent pas leurs promesses et l'appréhension de cette dernière entrevue, ils revivent leur passé et préparent les mots consolateurs.

Jacquet écrit aux siens :

« Citadelle de Lille

21 octobre 1915.

4 heures soir.

Ma bien chère Jeanne adorée,

Mes très chers enfants chéris,

On vient de nous signifier que nous étions condamnés tous les quatre à mort et que nous

serons fusillés demain matin, à 6 heures, à la
Citadelle. J'ai appris cette nouvelle sans surprise.
Mon avocat, qui me causait pour la première
fois il y a exactement huit jours, ne se faisait
aucune illusion sur le sort qui nous attendait,
et, malgré sa plaidoirie émouvante et chaleu-
reuse, il n'a pu nous sauver. Il était convaincu
que nous étions jugés d'avance. Le verdict le
prouve et l'ordre d'exécution ne doit subir
aucun retard d'après l'ordre du gouverneur, qui
refuse de laisser suivre le recours en grâce.

J'ai demandé au conseiller de guerre de me
laisser voir mon avocat, c'est impossible. Je lui
ai demandé de vous envoyer chercher, il m'a
promis de le faire de suite. Si je n'ai pas le
bonheur de vous voir avant ma mort, vous
pourrez dire qu'il a failli à sa parole.

Il est certain que l'affaire Mapplebeck est la
plus grave. Nous sommes acquittés du fait
d'espionnage. L'Angleterre aura donc à faire
son de voir envers vous. Du reste, tout cela sera
fait avec méthode par tous ceux qui s'intéres-
sent à moi et à vous. La nation sera là, les
amis aussi, et tu pourras dire que ton mari est
mort face à l'ennemi comme un bon soldat,
sans avoir jamais tremblé. Vous serez honorés

de tous et on fera pour vous ce qu'on doit faire.

A l'instant, mon avocat vient de me rendre visite, je lui ai causé longuement, mais c'est fini. Je fais un recours en grâce qui va être porté au gouverneur, mais il a ordonné que le recours en grâce à l'empereur ne suspendrait pas l'exécution. Je ne le fais que pour prouver que nous n'avons pas été traités normalement, puisqu'il ne veut pas attendre la décision de l'empereur. Mais cela ne fait rien, on ne meurt qu'une fois, et je te garantis que nous allons mourir en braves. Nous n'aurons pas les yeux bandés et serons fusillés ensemble, debout. Il y une heure que je t'écris et je vais continuer comme cela jusqu'à ton arrivée. Sois brave, ma chère Jeanne, ma femme chérie, que ton courage stoïque soit cité en exemple. Pardonne à tous ceux qui m'auront nui comme je leur pardonne moi-même.

Eugène JACQUET.

Madame Jacquet et ses quatre filles sont arrivées. Un officier et trois soldats assistent à l'entrevue, par ordre de Von Heinrich.

C'est encore aux souvenirs de Geneviève Jacquet que j'emprunte le récit de cette scène :

« Jacquet, par un effort surhumain, est

7.

parvenu à dompter son émotion. Tendrement, il s'applique à remonter le courage des siens.

Ne pleurez pas, leur dit-il. Pensez aux milliers de pauvres soldats qui meurent seuls, sans la consolation, à l'heure suprême, d'embrasser leur femme et leurs enfants. Je vous ai là, près de moi, mes dernières minutes sont embellies de vos regards et de vos chers visages. Nous sommes encore des privilégiés... Comme ces minutes, ces cruelles minutes ont passé vite ! A peine la mère, les enfants ont-ils eu le temps de recueillir les dernières recommandations paternelles.... Le quart d'heure est écoulé. Il faut se séparer.

Secondes déchirantes, dont aucune parole humaine ne peut rendre l'impossible douleur ; regards où tient tout l'infini du désespoir, tout l'inexprimé des baisers et des larmes...

Jacquet remet à Geneviève la lettre qu'il vient d'écrire. Les enfants, la mère s'éloignent. La porte se referme sur leurs adieux coupés de sanglots...

Jacquet s'effondre sur une chaise. Uu peu de la tombe s'est entr'ouvert sous ses pas... Patience ! Il n'est pas au bout de l'épreuve. Von Heinrich, comme Shylock, réclame son dû. Il reste encore au condamné onze heures d'agonie à subir.

Ah ! que l'image du bourreau est loin, à ce moment, des pensées de la victime ! Elles se réfugient à tire-d'aile vers le doux colombier des tendresses familiales. Comme le bon ouvrier, content de sa journée et satisfait de la tâche accomplie, il vient se reposer au foyer avant le rude effort du lendemain. A cœur perdu, il écrit aux siens, leur écrit sans relâche. Il leur écrira jusqu'à l'aube. »

La compagne de Verhulst est venue ensuite. Sylvère, dont toute la famille est en Belgique, lui fait ses adieux, ses ultimes recommandations et la charge de transmettre aux siens son souvenir. Il lui répète les termes de sa dernière lettre :

« Aussitôt que tu le pourras, remercie Madame et Mesdemoiselles Jacquet pour tout le bien que me font mes camarades de captivité et surtout M. Jacquet. Il est inutile de te dire comme je suis sensible à toutes ces marques de dévouement. Je puis bien te le dire maintenant, ma chère petite, je n'avais pas toujours bien agi à l'égard de M. Jacquet et de ses amis. Le jour de notre condamnation, il a eu un geste de pardon pour tout le monde et en particulier pour moi. Est-ce que tu comprends la joie que j'ai ressentie ce jour-là ? M. Jacquet ne s'est pas arrêté là. En son nom il n'a cessé de faire des démarches pour notre bien à tous.

... Inutile de te dire que j'éprouve une vive reconnaissance pour M. Jacquet et que je n'aurais pas demandé mieux que de la lui prouver dans la mesure de mes moyens. Encore une fois, ma chère petite femme, remercie Madame Jacquet. Dis-lui bien que je n'ai pas mérité toutes ces faveurs. Je suis fier de pouvoir t'annoncer qu'ils me traitent en ami ; ils me considèrent comme leur égal... »

Puis il lui remet son testament et se sépare d'elle, le front haut, les épaules redressées, comme réhabilité par l'approche de la mort et par la bonté de ses compagnons.

Madame Maertens, accompagné de l'abbé Maës subit à son tour le martyre de la suprême entrevue. Maertens, qui a fait depuis longtemps le sacrifice de sa vie et qui accepte son sort avec une courageuse simplicité, essaie de consoler sa femme, puis il reçoit de l'abbé Maës les secours de la religion. Mais la consigne est formelle, et malgré l'évidente bonne volonté des sentinelles, on les sépare au moment où nous devons être appelés pour faire nos adieux à nos braves amis.

Seul, Deconinck ne reçoit pas de visites ; car sa femme et ses enfants sont demeurés en France libre et y vivent probablement dans l'heureuse ignorance de son sort.

Comme le soldat qui meurt loin des siens et qui leur envoie, hors des limites du temps et de l'espace, ses dernières pensées.. Deconinck, d'un cœur ferme, attend la mort ; et si sa mâle figure porte par instants quelque trace d'émotion, c'est parce qu'il prend sa part fraternelle des douleurs familiales dont il est le témoin attristé.

XVI

VEILLÉE DE HÉROS

Le soir tombait. Une brume légère estompait de violet les arbres des remparts.

Sous un toit surbaissé de tuiles lépreuses, en bordure du chemin de ronde, se dressait une masse de briques brunes; des corniches de pierres grises, burinées par le temps, la sertissaient de leurs ciselures.

C'était, à l'angle du vieux bâtiment du Conseil de guerre, accrochée à mi-étage, une cellule basse, étroite et mal blanchie.

Quatre soldats allemands, casque en tête, baïonnette au canon, gardaient la porte percée d'un petit judas. Cette porte franchie, on accédait dans la cellule en descendant trois à quatre marches sur lesquelles se tenaient quatre autres soldats pareillement équipés.

Une fenêtre grillée de lourds barreaux y répandait en cette fin de jour une vague lumière.

Quelques tabourets de paille, une table, des lits de fer la meublaient. Sur la table, une boîte de cigares, des bouteilles de bière, des verres.

Jacquet, Deconinck, Maertens et Verhulst devisaient gaiement en attendant la mort.

En deux groupes d'une dizaine, les compagnons des condamnés défilent pour les adieux.

« Ah! vous voilà, les amis, s'écrie Jacquet de sa voix chaude et franche. C'est la dernière faveur qu'on m'ait accordée. Ne prenez pas ces airs désolés. C'est si peu de chose que la mort.

J'ai assez souvent, au cours de mon existence agitée, regardé la mort en face ; aussi ne me fait-elle pas peur. Et je quitterais la vie assez allègrement si je ne laissais une famille sans chef et de jeunes enfants sans soutien........

Je regrette aussi de ne pas voir la fin de cette guerre. Non pas que j'aie le moindre doute sur son issue heureuse ! Vous avez pu apprécier combien j'étais demeuré optimiste au cours des mauvaises heures passées. Je le suis davantage à mesure que s'écoulent les jours. Vous avez constaté comme moi les symptômes de fatigue qui se manifestent déjà dans l'organisme militaire allemand. Cette merveilleuse machine de guerre, construite avec patience mais sans génie, au cours des quarante dernières années, commence déjà à se fatiguer, à avoir des ratés ; elle ne tardera pas à se détraquer. Elle n'avait pas été faite pour fonctionner si longtemps. D'un autre côté, si la nôtre créée de toutes pièces pendant l'invasion brutale n'avait pas la même solidité passive, elle possédait et possède toujours de meilleurs ressorts ; et des machines de secours lui sont amenées par d'autres nations, attirées à nous par la justice de notre cause et par la haine des Huns. Les Anglais viendront tous les jours plus nombreux ; les Italiens se sont joints à nous. D'autres viendront encore ; et bientôt le monde entier combattra avec nous pour le droit et pour la liberté.

J'aurais voulu voir la fin de cette guerre et assister en même temps qu'à l'écrasement des Barbares, au lendemain de la victoire. Je ne me dissimule pas que ce lendemain ne sera pas un jour de repos. Car une fois la bête chassée hors de chez nous, je sais bien qu'il restera pour les vrais citoyens une dure besogne, une besogne de salubrité sociale et de reconstitution, où il nous faudra rassembler toutes les bonnes volontés pour combattre l'esprit des ténèbres et les tentatives de réaction. Cette lutte sera redoutable aussi, et ce n'est pas en un jour que nous purifierons le monde.

Ne vous ai-je pas dit plus d'une fois que si nous échappions à la justice allemande, nous nous retrouverions peut-être bien, quelques-uns d'entre nous, enfermés à nouveau dans cette même chambrée N° 9 et gardés par des soldats français, commandés par quelqu'un de de ces gouvernements d'occasion qui profitent des heures troubles pour restaurer l'un quelconque des régimes justement disparus ?

Là encore, nous aurions fait notre devoir de citoyens du monde, car nous sommes de ceux qui ont lutté et lutteront toujours contre les forces obscures du passé et pour la délivrance de l'esprit humain.

L'union sacrée, que nous avons pratiquée loyalement depuis le début de la guerre, — et tous ne peuvent en dire autant —, m'engage à ne pas insister, surtout ce soir à la veille d· ma mort, sur ces misères fatales ».

Et pendant qu'il se reposait un peu en faisant ses adieux individuels, Maertens se leva et dit :
« Je suis innocent du prétendu crime .pour lequel j'ai été condamné. Je n'en ai pas moins fait mon devoir. Je vais mourir pour la France. Je regrette de n'avoir pas fait assez pour elle. Je vous laisse le soin, mes amis, de continuer notre besogne et de faire payer cher à nos ennemis leur méchanceté aveugle ».

Deconinck déclare à son tour :

« Je meurs pour avoir fait mon devoir, mon devoir de citoyen et mon devoir de soldat. Je regrette aussi de n'avoir pu rendre plus de services. Mes amis, ayez confiance et courage jusqu'à la victoire ».

Verhulst dit .

« Que ma vie vous soit une leçon. J'aurais pu être heureux ; mais j'ai fait des folies pendant ma jeunesse. Travaillez, més amis ; le travail seul est noble. Enfin j'ai racheté mon passé. Ouvrier, je me suis réhabilité par le travail. Soldat, j'ai défendu mon pays. Blessé à Halen, échappé de l'hôpital où j'étais soigné et prisonnier, j'ai pu encore faire œuvre utile en rendant des soldats à mon pays et à la France. La mort seule m'empêche d'en faire davantage ; mais je meurs heureux d'avoir fait ma part ».

La nuit était venue : on nous donne de la lumière. Alors Jacquet reprit :

« Le moment est mal choisi pour parler de ce que nous avons fait, de ce que nous aurions pu faire. Plus tard, quand sera connu notre modeste rôle, on se rendra compte que nous avons fait notre devoir, tout notre devoir et rien que notre devoir. Nous n'avons pas cherché la gloire ni de vaines récompenses ; mais en hommes conscients de l'utilité des plus petits efforts, nous avons apporté notre part au travail commun. Les lois de la guerre sont inexorables ; le peu que nous avons fait constitue un crime aux yeux de nos ennemis. Nous payons rudement le fait d'avoir accompli notre devoir. Et ce n'est pas sans un légitime orgueil que nous nous rendons compte maintenant de la valeur de nos œuvres à la mesure du châtiment. Mais c'est assez parler de nous.

A vous, mes amis, je souhaite à tous une prompte délivrance. Que ceux qui sont acquittés soient renvoyés bientôt chez eux et qu'ils retrouvent auprès des leurs les joies de la famille à nouveau réunie et de la liberté reconquise.

Que la justice de nos ennemis soit clémente encore à ceux d'entre vous qui ne sont pas jugés. Je donne mon sang volontiers si j'emporte la conviction que je serai la dernière victime.

Vous, les plus âgés, je souhaite que vous finissiez dans la quiétude une existence qui fut parfois tourmentée : je souhaite que l'épreuve à laquelle vous venez d'échapper vous porte bonheur pendant de longues années.

Et vous, les jeunes, prenez modèle sur ces citoyens qui, au lieu de se dérober à leurs devoirs sociaux et de se terrer en quelque coin, n'ont pas hésité à risquer leur vie tous les jours pour sauver des existences, adoucir des misères, parer autant que possible aux malheurs du temps présent. Plus tard, bientôt, quand ce cauchemar aura cessé, vous serez appelés à fonder à votre tour une famille. Faites des enfants, faites-les deux fois : car ce n'est pas tout de procréer, il faut éduquer. Que les enfants deviennent à leur tour des citoyens dignes de ce nom ; qu'à leur tour ils prennent de vos mains fatiguées le flambeau des vérités éternelles et qu'ils achèvent le triomphe des idées qui nous sont chères.

Quant à toi, dit-il à l'un de nous, mon vieux

compagnon de luttes, toi que j'ai toujours rencontré là où il y avait des préjugés à démolir, des erreurs à dissiper, des torts à redresser, là où se trouvaient des faibles à défendre, des orgueilleux à abattre, continue l'œuvre commencée ; et si tu sors indemne de la tourmente, mène jusqu'au bout une existence heureuse au milieu de ta belle famille, près de tes enfants qui déjà suivent ta trace dans la recherche de la justice et de la vérité, et dans la conquête de notre idéal social.

Ce m'est une consolation, devant le néant que sera pour moi demain, de savoir que je laisse en bonnes mains le flambeau de la Libre-Pensée que j'aurais désiré porter plus longtemps. Que ma vie et surtout que ma mort servent d'exemple à tous ces patriotards qui criaient si fort en temps de paix et qu'on n'a guère vus aux jours d'épreuve. Je tiens à montrer à ces gens qui escomptent des récompenses mirifiques au lendemain de la mort, comment meurent ceux qui savent qu'ils retournent au néant.

Mais le temps est passé pour moi des vaines querelles. J'ai toujours été un lutteur ; j'ai passé ma vie à lutter envers et contre tous. A tort ou à raison, j'ai asséné des coups. Maintenant ceux qui me connaissent bien, seuls, ne seront pas étonnés de voir réapparaître cette fleur de bonté que j'essayais d'étouffer moi-même quand j'étais aux prises avec les difficultés de la vie et avec la méchanceté et la fourberie des hommes.

Et voici que l'heure sonne où la bonté prend sa revanche. Il n'y a pas au monde de plus belle loi que la loi de pardon. C'est à la veille de la mort que l'on se rend le mieux compte de sa beauté. C'est pourquoi — et je vous invite à vous y conformer — je pardonne à tous mes ennemis. Je pardonne à tous ceux qui m'ont fait du mal, comme ils me pardonnent maintenant, je l'espère, le mal que j'ai pu leur causer. Je pardonne à tous mes adversaires du passé ; je pardonne à tous mes ennemis du présent.

Mais il y a des crimes que les âmes les plus hautes ne sauraient pardonner ; il y a des fautes qui ne relèvent pas du pardon même des victimes. Je ne pardonne pas au Français Louis Richard, le traître qui est la cause de notre mort et de vos souffrances. Je te charge, dit-il, à l'un de nous, de retrouver cette bête puante et de la livrer à la légitime vengeance de la France outragée. »

Et comme les soldats allemands approuvaient ces paroles, Jacquet se retourna vers eux et leur dit : « Je vous pardonne aussi à vous, soldats d'une autre nation, qui êtes actuellement nos ennemis, qui êtes cependant nos frères ; je vous pardonne à vous, pour qui je combattais, comme pour tous les hommes, le bon combat de la vérité et de la justice sociale : je vous pardonne, parce que, entraînés dans le tourbillon mesquin des intérêts d'une minorité avide d'honneurs et de pouvoir, vous êtes obligés de faire contre nous une guerre que vous n'avez pas voulue ; et parce que, illusionnés par vos maîtres actuels, vous croyez travailler pour votre patrie. L'humanité est plus haute. Un jour viendra où le mot patrie n'aura plus de sens et où les hommes ne comprendront plus les raisons de ces luttes fratricides. Je suis ici entouré d'amis dont plusieurs ont rêvé comme moi une ère de paix universelle, où tous les hommes, délivrés enfin de tous les préjugés, vivront largement et fraternellement leur vie, sans plus jamais se battre, une époque où les travailleurs affranchis du joug capitaliste uniront harmonieusement leurs efforts dans l'accord pour la vie qui remplacera enfin la sinistre formule de nos jours ; la lutte pour la vie.

Je meurs avec l'espoir que mon sang sera de la bonne semence et que ceux qui restent moissonneront un riant avenir. »

L'un de nos gardiens, un Lorrain, traduisait à mesure pour ses camarades.

Tous pleuraient ; nous aussi.

Seuls, Jacquet, Maertens, Deconinck et Verhulst, debout, le front haut, les yeux pleins de foi dans la victoire de la France immortelle, semblaient sourire à quelque mystérieux et splendide avenir que nous autres, qui demeurions prisonniers de la vie, nous ne pouvions voir encore.

XVII

LE CRIME

. J'emprunte encore au récit de Marcel Deschamps, dans le *Matin* du 18 février 1916, cet acte de cruauté stupide : l'affichage anticipé des exécutions du lendemain.

« Au sortir de la prison, Madame Jacquet et Geneviève, brisées d'émotion, n'ont pas eu le courage de regagner leur logis éloigné. Des amis charitables leur ont offert, pendant la tragique, l'effroyable nuit, l'hospitalité à leur domicile. Ils habitent tout près de la Citadelle.

Il y a pour les pauvres femmes quelque amère douceur à demeurer encore un peu dans le voisinage de l'affreuse prison, derrière les murs de laquelle veille et songe ardemment à elles celui qui est tout leur amour, toute leur vie.

Il est dix heures et demie.

La mère et l'enfant se mettent en route. Soudain, dans les demi-ténèbres, à la lueur d'un réverbère que fait clignoter le vent, une large tache rouge sur la blancheur d'un mur, par elles ne savent quel obscur pressentiment, attire leur regard... C'est une affiche, encore tout humide d'encre grasse et de colle, qu'un soldat vient de poser. Une affiche couleur sang de bœuf, sur laquelle se détachent d'énormes lettres noires.

Elles s'approchent, elles lisent :

AVIS

Les personnes mentionnées ci-dessous ont été condamnées par le Tribunal du Conseil de guerre et fusillées ce même jour à la Citadelle, savoir :

Le marchand de vins en gros EUGÈNE JACQUET;

Le sous-lieutenant ERNEST DECONINCK;

Le commerçant GEORGES MAERTENS;

L'ouvrier SYLVÈRE VERHULST.

1º Pour avoir caché l'aviateur anglais qui a atterri à Wattignies le 11 mars dernier, l'avoir hébergé et lui avoir facilité son passage en France, de sorte qu'il a pu rejoindre les lignes ennemies ;

2º Pour avoir entretenu et aidé des membres des armées ennemies et, après avoir quitté leur uniforme, séjourné dans Lille et les environs et les avoir fait évader en France.

Par proclamation du Gouverneur, du 7 avril 1915, ces deux cas étant considérés comme espionnage, sont portés à la connaissance du public pour qu'ils servent d'avertissement.

Le Gouverneur.

22 septembre 1915.

Féroce précipitation ! Les quatre hommes dont la mort est inscrite là, au passé, comme un fait accompli, en traits de deuil sur ce rouge de sang, ont encore huit heures à vivre. Leur cœur palpite, leur âme rayonne, sereine et forte, derrière la pierre inexorable de leur cachot.

Les meurtriers n'ont pas eu la patience d'attendre qu'il fût perpétré pour publier leur crime. La haine de Von Heinrich devance l'heure. Il faut que Lille, en s'éveillant, ait sous les yeux, noire sur fond de sang, toute fraîche, la signification de sa vengeance.

Et, par un jeu cruel du hasard, les premiers regards sous lesquels tombe l'annonce prématurée de mort sont ceux de la femme, de la fille d'une des victimes.... Tragique rencontre du destin, qui n'est pas le moins cruel épisode de cette poignante histoire !

Geneviève, en hâte, entraîne sa mère. Les deux tristes créatures, penchées sur leur douleur, veilleront toute la nuit.

A cinq heures et demie, au petit jour, elles verront défiler sous leur fenêtre les dix officiers du Conseil de guerre, qui, fumant des cigarettes, riant haut et se rengorgeant, se rendent en corps sur le lieu du supplice.

Et, moins d'une heure après, elles entendront passer, martelant le pavé, brutalisant le sol de leurs lourdes bottes, les quarante soldats du peloton d'exécution qui viennent de procéder à leur sinistre tâche.... »

*
* *

Cependant, la nuit s'avançait. Toujours calmes et souriants, Jacquet, Maertens, Deconinck

et Verhulst prennent leur dernier repas en devi-
sant gaiement, comme d'habitude.

Les soldats allemands, qui sont, ceux-là, de
rudes hommes, qui ont déjà plus d'une fois
affronté la mort, ne peuvent cacher leur sympathique admiration pour le courage tranquille
de nos amis. Plusieurs ne cessent de pleurer ;
d'autres étouffent des jurons et maudissent
cette guerre idiote et criminelle, qui cause de
tels crimes, qui immole de pareilles victimes.

Maertens, Deconinck et Verhulst, voulant
être dispos le lendemain matin, se couchent de
bonne heure et ne tardent pas à s'endormir d'un
sommeil paisible et doux.

Jacquet, toujours énergique, écrit sa dernière
lettre.

CITADELLE DE LILLE

22 septembre 1915
1 heure matin.

Ma bien chère femme,

Mes très chères enfants,

*Je viens il y a quelques instants de faire porter
par Mme Sylvère une deuxième lettre qui faisait
suite à celle que j'avais commencée et que j'avais*

remise à Geneviève. Voici la troisième et dernière.

Comme je te l'ai dit, je vais me livrer tête nue.
Nous serons debout, les yeux non bandés. Voici
les conditions. Nous crierons : Vive la République ! Vive la France ! et nous nous dispenserons de rien dire aux exécuteurs, qui paraissent
consternés. Nous avons vu des soldats pleurer.

Nous venons de souper à onze heures. Nous
avons dîné de bon appétit, et nous partirons pour
le dernier voyage sans broncher. Depuis le jour
où nous avons été séparés des autres et mis dans
cette cellule, il n'y avait plus de doute. On pouvait nous raconter des histoires, mais les allées et
venues, la surveillance dont nous étions entourés
depuis quelques jours indiquaient bien le verdict
et le résultat.

Nous avons été condamnés avant d'être jugés.
Demande à Arthur de te montrer la lettre que je
lui ai écrite il y a huit jours, et tu verras que
j'avais vu clair. Et ma pauvre Geneviève qui n'a
pas perdu son courage et sa confiance jusqu'à la
dernière minute, qui m'a embrassé ce soir en partant encore essayer de me sauver. Quelle brave
enfant ! Quel beau caractère !

A toi, ma chère petite Lulu chérie et ma grosse

Suzanne adorée, j'ai tant de chagrin de vous quitter aussi jeunes, mais je sais que vous serez bien gentilles, bien sages, que vous vous rappellerez votre bon petit papa qui vous aimait tant et qui désirait tant vous voir grandir.

Vous travaillerez bien, vous deviendrez de grandes filles comme vos sœurs et vous consolerez votre chère petite maman de son gros chagrin. Vous la câlinerez, vous la gâlerez et vous l'embrasserez tous les matins et tous les soirs deux bonnes fois pour moi toujours.

Au revoir, mes chères petites cocottes, vous serez la gaieté de la maison, je le sais, et je vous embrasse une dernière fois du meilleur de mon cœur. Embrassez tous les jours ma belle Geneviève et ma belle Thérèse, qui seront vos petites mères, et quand Léon reviendra il sera votre petit père. Au revoir, mes chéries.

A toi à nouveau, ma chère femme chérie, je te souhaite ardemment de surmonter ton chagrin et d'être forte. Tu as des enfants, tu te dois à eux. Il faut que tu continues à les élever et que tu me remplaces. Tu t'organiseras une nouvelle existence, et au milieu de nos enfants chéris tu auras une vie heureuse de satisfaction et de souvenirs.

Tu seras honorée et tu pourras passer partout la tête haute, entourée du respect de tous.

Tu feras mes adieux à tous mes amis.

Voici l'heure fatale. Nous allons mourir en braves.

Les Allemands tremblent de peur.

Au revoir, mes chéries, je vous donne une dernière fois à chacune et à mon cher Léon un gros, aimant, amoureux baiser.

Adieu, ma chère Jeanne, adieu !

Eugène JACQUET.

Sa tâche accomplie, dans la petite cellule où veillent, lugubres, les quatre sentinelles, Jacquet se couche enfin et s'endort.

Maertens, dans la nuit du 21 au 22 septembre, a écrit à sa femme une dernière et longue lettre, dont voici les principaux passages :

« Citadelle de Lille, 22 septembre 1915.

Chère petite femme,

Que de choses je voudrais pouvoir te dire, bien chère aimée! Je vais essayer, malgré la peine que j'éprouve en pensant à toi, mon unique et seul souci.

Pardon, d'abord, de la peine que je te cause, pauvre victime innocente, seule à plaindre de nous deux dans cette triste séparation.

Je t'ai déjà demandé tant de choses, chère aimée. Puis-je t'en demander encore une?

Je sais que les forces humaines ont des limites et que, depuis le temps que tu en uses (j'aurais presque dû dire abuser), tu dois te trouver à bout. Et pourtant c'est ce que je viens te demander maintenant : un surcroît d'énergie, de courage, de bravoure. C'est de cela que je veux me souvenir dans mes derniers moments. Tu m'as promis tout ce que tes forces te permettront de supporter. Ce n'est pas assez.

J'ose te demander davantage en cette minute suprême.

Montre-toi la digne compagne de mes derniers moments.

Demande cette force nouvelle à Dieu, qui, depuis deux mois, me soutient et m'a permis de supporter toute cette épreuve, qui ne m'abandonnera pas....

Adresse-toi à Lui, et Il t'aidera à supporter à ton tour cette épouvantable chose.

Et pourtant, quand on y pense, qu'est-ce que la vie, à part ceux qu'on laisse derrière soi? Ceux-là seuls sont à plaindre.

Aussi ne me plains pas, mais pardonne-moi surtout cette peine cruelle que je t'inflige.

Je demande également pardon à Maman de ce qu'elle va souffrir pour moi. Elle a un beau rôle à remplir : te consoler le plus possible. Puisse-t-elle comprendre et avoir la force de pouvoir le faire ! C'est ce que je lui demande instamment. Je sais qu'il y a des choses qu'on demande et qui sont quelquefois au-dessus des forces humaines. Dans ce cas, adressez-vous à Dieu : vous en puiserez de nouvelles, et c'est ce que j'attends de Maman. Je lui fais mes adieux en l'embrassant très tendrement et lui demande pardon des peines que j'aurais pu lui faire dans le passé. Je l'aimais bien ; elle le savait, mais je tenais surtout à le lui dire encore....

Je te charge de tous mes adieux à toute ma famille qui est dans la région, ainsi qu'aux amis sincères, à eux seuls seulement, surtout les plus fidèles.

Sois large, mais juste. Tiens compte des preuves solides que tu as pu apprécier dans cette cruelle épreuve.... Te citer les noms de tous, c'est impossible.

Vois toi-même. Tu connaissais mes sympathies : eh bien, celles qui auront été confirmées depuis deux mois sont celles à retenir....

Chère petite femme, je pars la conscience tranquille. Dieu m'a soutenu et me soutiendra jusqu'au bout. Adresse-toi à Lui et Il te donnera le courage et la consolation dont tu as tant besoin. C'est mon dernier vœu. que je te laisse libre de faire ou pas.

Chère aimée, chère femme. chère compagne, encore une fois, pardon de tout le mal que je te cause.

Pourrais-tu te refaire une vie ? Que mon souvenir ne t'arrête pas. Si c'est pour être heureuse, tout au moins consolée, n'hésite pas. Mon souvenir t'accompagnera et te soutiendra....

Je laisse quelques vêtements que je voudrais bien que tu distribues à quelques malheureux : tu les connais.

Je te laisse le soin de distribuer mes affaires comme souvenirs à ceux que tu jugeras le plus dignes de cette marque d'amitié....

Allons, chère petite femme aimée, il faut se

quitter. Pardonne-moi encore toute la peine que je t'ai faite et te fais encore en ce moment.

Relève la tête et sois fière de ton mari, qui s'est conduit comme il le devait, qui n'a fait que son devoir et qui ne regrette qu'une seule chose : le chagrin que je te cause. Quant à moi, je quitterai ce monde sans faiblesse en pardonnant à ceux qui m'ont condamné ; cette sentence méritait punition, mais pas la peine de mort.

Comme je te le disais dans ma dernière lettre, et que je te répète, ils m'ont fait beaucoup d'honneur, car je n'ai pas mérité cette distinction, qui, pour être terrible, est pour moi honorifique.

Mais voilà, il n'y a pas que moi. Sans cela, qu'est-ce que la vie ?

Chère petite femme et chère maman, bon courage ; soyez fortes, courageuses et braves. Prouvez au monde que, si des Français savent mourir bravement, leurs épouses et leurs mères savent se conduire comme des Françaises.

A cet endroit, j'ai déposé mon avant-dernier baiser.

Adieu, chère petite femme et à plus tard,

réunis dans l'éternité. Puisse Dieu nous admettre avec Lui!

Ici, mon dernier baiser.

J'ai posé ton portrait contre mon cœur. Adieu! Adieu!

Georges MAERTENS. »

Le jour se lève, aube incertaine d'un jour gris, au ciel bas et lourd.

Jacquet procède, sans bruit, au rangement méthodique de sa cantine, classe avec amour les modestes souvenirs qu'il va laisser aux siens.

Un peu avant 6 heures, Maertens s'éveille, et d'une voix tranquille, il dit :

« Mes amis, nous n'avons plus qu'un quart d'heure à vivre ».

Et tous quatre font soigneusement leur toilette; ils veulent se présenter correctement devant la mort.

Un officier apparaît :

« Le pourvoi est rejeté; apprêtez-vous », dit-il. Jacquet écrit en hâte quelques mots, d'abord sur le revers de la photographie en groupe de sa famille;

22 septembre 1915.

Ma bien chère femme,
Mes très chers enfants.

Au moment de partir pour le poteau d'exécution, j'embrasse tendrement une dernière et suprême fois votre image adorée.

Mon dernier baiser déposé du fond du cœur ici pour vous. Adieu !

Vive la France !

E. JACQUET.

Dans un angle, Jacquet a tracé un petit cercle, orné de quelques croix, et il a inscrit sur le côté : « Ici mon baiser ».

Puis il griffonne un mot pour Vandenbosch, un autre pour Dumont, et ce dernier pour moi :

Mon cher Bardou,

Le dernier adieu. — Nous partons.
On nous signifie le rejet du pourvoi.
Au revoir... à tous.

Le 22 septembre 1915,

6 heures matin.

E. JACQUET.

Enfin, dernier adieu, dernière pensée pour ceux qui restent, tous quatre signent ces lignes émouvantes :

22 septembre 1915
6 heures matin.

Mes chers amis, camarades,

Nous voilà au but ! Dans quelques instants nous serons fusillés.

Nous allons mourir bravement, en bons Français, en brave Belge.

Debout ! les yeux bandés, les mains libres.

Adieu à tous et courage.

Vive la République ! Vive la France !

E. JACQUET,   E. DECONINCQ,
G. MAERTENS,   S. VERHULST.

Cependant le ciel s'est éclairci, et c'est dans une blanche aurore que les quatre héros s'en vont tête nue et traversent la cour de la citadelle, en chantant :

« Mourir pour la patrie.... »

Ils interrompent l'hymne sublime, en passant à proximité de notre palissade, pour nous crier :

« Adieu, camarades, courage... »

Et nous, grelottant d'une nuit d'insomnie, haletants et exsangues, pressés contre nos barreaux, que nous voudrions forcer, nous hurlons désespérément :

« Adieu, courage, les amis ».

Conduits rapidement dans un fossé de la Citadelle, ils sont alignés, face aux quatre pelotons de dix hommes qui s'apprêtent à exécuter leur consigne.

A peine ont-ils eu le temps de s'étreindre une dernière fois.

Le front haut, les yeux non bandés, les bras croisés, au moment où éclata le commandement guttural et sauvage, avant que crépite la fusillade, ils s'écrient ensemble :

« Vive la République ! » crie Jacquet.

« Vive la France ! » clame Deconinck.

Maertens dit : « Vive la Liberté ! »

Et Verhulst : « Vive la Belgique ! »

Il est six heures douze ; le crime est accompli.

*
* *

L'oberleutnant Meyer, qui fut l'avocat de nos amis, a écrit le jour même à Mme Jacquet la lettre suivante :

Lille, le 22 septembre 1915.

Madame,

Je regrette beaucoup qu'il n'était pas possible d'implorer la grâce de l'empereur, parce que le gouverneur a décidé que l'exécution ne devait pas être différée.

Avec cette décision du gouverneur formellement inattaquable, tout était perdu pour votre mari et ses compagnons.

J'étais présent à l'exécution du jugement. Peut-être ça peut consoler vous et vos pauvres enfants en quelque part, quand je vous communique que les quatre condamnés sont morts en héros, surtout votre mari. Il est tombé et mort avec le cri : « Vive la République ! » fortifié par la sincère conviction qu'il était un martyr de son patriotisme.

Tous les présents, officiers et soldats, étaient unanimes dans l'admiration de la bravoure des quatre condamnés.

Le corps de votre mari est mis dans un cercueil et enterré provisoirement dans la Citadelle.

Après quelque temps on vous donnera le droit de l'enterrer où vous voudrez.

Permettez-moi, Madame, l'expression de ma condoléance sincère.

MEYER,
Docteur en droit, avocat, oberleutnant.

En dépit de cet hommage individuel à l'héroïsme de nos amis, en dépit de l'admiration certaine que leur tenue avait inspirée à tous les Allemands présents, les ordres cyniques de Von Heinrich ont été suivis jusqu'au bout; et c'est dans un tombereau de la voirie que leurs corps furent conduits à l'endroit où ils ont été provisoirement inhumés, près de la chapelle de la Citadelle.

XVIII

LA LEÇON DES MORTS

Morts !

Quatre hommes viennent de mourir.

Ils ne sont pas morts au hasard de la bataille, au son du canon, au crépitement des mitrailleuses, dans ce tumulte où les sens incapables de choisir se trouvent comme abolis, où les perceptions ayant perdu leurs rythmes habituels ne sont plus enregistrées, où nos pauvres cerveaux, privés de relations avec un monde ignoré qui dépasse leur faiblesse. sont eux-mêmes déjà morts.

Ces quatre hommes sont morts de la mort froide, de la mort des condamnés.

***

Parmi les liqueurs de choix et les vins volés,

un bourreau, Von Heinrich, cette brute vindi-
cative et bête, a ordonné leur mort.

Un autre, l'aliéné Behrend, l'a préparée
dans le silence et la méditation.

Un autre encore, le soudard Dresen, a essayé
de la justifier par une parodie d'instruction.

Dix domestiques, prétentieux et stupides,
l'ont signée, dans les tartufferies juridiques, les
ignominieuses dénonciations et les témoignages
incohérents. Cependant, ces quatre hommes
vivaient d'une vie pleine et claire.

*
* *

L'un était un passionné citoyen du monde;
il avait bourlingué à travers les peuples dispa-
rates; il avait cueilli au hasard des routes les
pensées étrangères et en avait composé un bouquet hardi.

Il s'était imprégné de toute l'humanité
vivante, de ses sourires, de ses larmes, de toute
sa beauté misérable. Il en portait en lui-même
l'image, il en avait concentré les violentes haines
et les espoirs téméraires. Mais comme une étin-
celle arrachée au ciel, la bonté, fille des dieux,
le baignait de son reflet.

Il s'en allait sans crainte, vers la nuit éternelle, en laissant tomber derrière lui les pétales de son cœur.

Eugène Jacquet est mort en citoyen de l'Univers.

***

L'autre avait, dans le calme effrayant de cette mort lente qu'est la mort judiciaire, vu se réveiller sous le souffle d'un ange, comme une braise dans les cendres d'un foyer mal éteint, la religion de son enfance. Amoureux de la vie, il était devenu impatient de la mort et se hâtait vers la divine délivrance promise aux élus.

Comme si quelque vertige heureux l'attirait et qu'il eût goûté par avance les joies du paradis, il allait au devant du mystère avec la certitude du bonheur éternel.

Georges Maertens est mort en chrétien..

***

L'autre encore, dressé au combat, cherchait la lutte finale, sans souci du lendemain, sans regret de la veille ; ses narines flairaient la poudre ; ses oreilles, attendant la charge, se tendaient vers le clairon.

Prêt pour la dernière parade, il allait au mur comme on va à l'assaut.

Ernest Deconinck est mort en soldat.

***

Le dernier portait sa peine, la croix d'une vie manquée, le remords des fautes commises, le fardeau immense d'une existence trop lourde pour ses faibles épaules.

Et des quatre héros qui viennent de mourir, victimes de la bêtise et de la méchanceté, c'était bien lui le plus beau, parce qu'il était le plus humain, celui qui était le plus proche de nous autres, pauvres hommes, avec nos faiblesses, nos doutes et nos illusions.

Il allait vers l'inconnu, avec dans son regard la grande joie du repentir et sur son front la pure auréole du pardon.

Sylvère Verhulst est mort en homme.

XIX

LES RESCAPÉS

Ce fut dans la chambrée N° 9, naguère si gaie et si bruyante, le règne du silence.

Pendant quelques jours, nous vécûmes prostrés.

Longue veillée funèbre, qui dura à travers les jours et les nuits, sans qu'aucun de nous trouvât la force de réagir. Et ce n'était point la peur d'un sort pareil dans un délai quelconque, c'était comme un dégoût de la vie, comme le regret d'avoir survécu au massacre. de n'avoir pas eu la joie de partir avec nos amis pour l'ultime voyage.

Un soir je relus à mes compagnons la lettre que Jacquet m'avait envoyée le lendemain du jugement :

Citadelle de Lille

le 18 septembre 1915.

Mon Bien Cher Ami,

Je viens d'adresser un mot à l'ami Dumont, qui était justement terminé quand Max à qui je l'ai donné m'a apporté son enveloppe contenant le reliquat de compte et la lettre bien affectueuse qui l'accompagnait. Dis-lui qu'elle nous a fait bien plaisir et que les quatre candidats à la butte se portent très bien, ont confiance et n'ont pas peur.

Cependant il faut tout prévoir, et si par hasard je devais faire le grand voyage, je suis prêt à l'accomplir; mes bottes sont graissées.

Je te demanderai d'abord de vouloir bien m'accompagner jusqu'au dernier moment, non pas comme les croyants pour m'assister et me faire espérer une autre vie chimérique, mais pour me faire ressentir jusqu'au dernier moment les douceurs de la fraternité maçonnique qui nous unit l'un à l'autre. Voilà, mon brave ami, pourquoi je t'imposerai cette corvée. Et tu seras témoin de la mort d'un gars qui n'a jamais tremblé: Je te donne ma parole qu'ils n'auront jamais assisté à un pareil départ. Il n'y a que la musique qui manquera pour qu'on rigole.

Maintenant, je viens te recommander à nouveau de guider et protéger ma femme et mes chers enfants. Que

Thérèse fasse ses études et qu'elle arrive ! Je tiens à ce que mes filles aient toutes des situations indépendantes. Le mariage est une tombola ! Et si par hasard elles ne réussissaient pas dans leur union, je désire qu'elles puissent se tirer d'affaire seules et au besoin élever leur famille. Quant à mon fils, je demande que tu le fasses entrer comme lowton aussitôt qu'il sera de retour à Lille et qu'il devienne un bon citoyen, épris des mêmes principes que ceux pour lesquels nous avons si longtemps combattu.

Dis-lui bien que pour faire son devoir, personne n'a besoin d'être embauché dans une organisation patriotarde quelconque, et que ce ne sont jamais ceux qui crient le plus fort qui font la meilleure besogne. Nous en avons malheureusement trop de preuves.

Maintenant je t'ai dit ce que je désirais en ce qui concernait mes dernières volontés ; je compte sur toi pour les faire respecter.

Je te prie, si je disparais, de faire mes adieux fraternels à mes FF. de l'Etoile du Nord, de la Lumière, de la Fidélité, des Amis Réunis et à nos SS. du Droit Humain, à mes camarades de la Libre-Pensée, à tous les membres du Parti Socialiste, et en particulier à mes amis Delory, Ghesquière (à qui je souhaite ardemment prompt rétablissement), Inghels, Marcel Deschamps,

Carlier, Dubled, Haentgès, Lebas, Samson, Lejeune-Mulier.

Je te prie en outre de te faire accompagner de l'ami Dumont pour aller faire mes adieux à M. Anjubaut, Sous-Préfet d'Avesnes, faisant fonction de Préfet du Nord, de le remercier de toutes les démarches qu'il aura faites pour moi et de lui dire que je compte sur lui pour que la Nation fasse son devoir envers les miens et envers mes camarades de devoir. Vous aurez également à aller remercier toutes les personnalités qui ont bien voulu s'intéresser à mon sort et qui ont fait des démarches pour sauver ma peau. Merci cordial à tous !

Maintenant un mot pour finir.

Dis bien que je maudirai ceux qui oseraient jamais se servir de ce que j'ai fait pour faire de la surenchère patriotique ; je désire que mon nom ne soit jamais mêlé à ces sortes de manifestations.

J'ai fait mon devoir, et c'est tout.

Maintenant, si j'ai la veine d'en sortir, j'espère que nous nous reverrons bientôt, que cette maudite guerre, honte de la civilisation, sera bientôt terminée, et que les peuples trouveront un moyen d'éviter à jamais le renouvellement de pareilles atrocités.

Au revoir, mon vieux Paul, mon brave ami, mon très cher frère ; je te souhaite bonne santé, une fin de *vie aussi belle, aussi utile pour les autres que son début, et bonheur pour toi et les tiens.*

Au revoir à tous ceux que j'ai pu oublier. J'oubliais Debierre ; tu lui feras mes fraternels adieux, et recommande-lui mon fils et ma famille.

Fais également mes adieux à tous nos amis de captivité, dis-leur combien j'ai goûté et apprécié leur compagnie depuis notre retour à Lille, et demande-leur de conserver un bon souvenir de moi comme je le conserve d'eux.

Pour mon brave Emile, modèle de dévouement, d'honnêteté, de probité, je demande qu'après son retour de captivité, il soit pourvu d'un emploi qui lui assurera une vie tranquille. J'y tiens absolument. Je compte sur toi pour le faire et pour lui dire que je ne l'ai pas oublié. Remercie-le de son dévouement.

Mes adieux à Collier et à tous les membres de la Ligue que j'ai oubliés plus haut.

Au revoir, mon vieux, et bon courage à tous. Je t'adresse peut-être avant que je t'amène à venir le faire toi-même, mon meilleur et plus fraternel salut, avec le vieux baiser fraternel.

Bien affectueusement à toi,
Eugène JACQUET.

Et nous avons tardé à nous endormir, en causant longuement de nos chers morts.

**

Un jour, appelé au bureau dans l'après-midi, je trouve Hans qui me conduit dans un couloir où m'attendaient ma femme et ma fille. Ma femme avait obtenu l'autorisation de venir chercher la valise de Maertens, dont la malheureuse veuve était malade.

C'est la première fois que je voyais les miens depuis le 10 juillet, depuis le jour où j'avais été enlevé en vertu de la loi martiale.

Je ne m'attendais guère à cette bonne surprise, que mon émotion ridicule a gâtée. J'en avais tant à dire, tant à demander, que je crois bien avoir oublié les choses essentielles. L'entrevue est naturellement de courte durée, née d'une occasion exceptionnelle et de la complaisance d'un boche.

Le 25 septembre, il y eut un grand branlebas dans la prison.

Honteuse du crime, voulant en effacer les traces, l'administration allemande rendait la liberté aux acquittés du procès Jacquet : Lefebvre, Lescuyer, Bourriez père, Delfosse, Mme Leclercq, et de nombreux prisonniers qui bénéficièrent d'un non-lieu ; Mme Fourmentrau et une cinquantaine de femmes et d'hommes, arrêtés le 26 juillet comme logeurs de soldats.

La chambrée N° 9 se vidait peu à peu : il n'y avait plus que Vandenbosch, Dumont, Forrest, Piquet, Butez, Van Heuverzwyn et moi. Depuis quelques jours, deux détenus pour d'autres causes logeaient avec nous : Delporte, maire de Flers, condamné à mort, pour des armes, puis gracié, et Goubel, garde-champêtre de Lesquin.

Cependant l'affaire n'était pas étouffée : Von Heinrich veillait ; la bête n'avait pas son compte de victimes. Là-haut, dans les cellules voisines du bureau de la prison, De Prat et Godfroid avaient été remis au secret depuis le 22 septembre. Par un raffinement singulier, Godfroid avait joui du privilège d'être isolé dans la cellule abandonnée le matin même par nos quatre amis.

Du dehors, nous avions été avertis également que l'affaire n'était pas terminée. Ma femme était allée remercier de ses bons offices l'ober-leutnant Meyer, de la part de Mme Jacquet et de sa famille ; il avait son bureau au N° 30, boulevard de la Liberté.

« J'ai été obligé de laisser condamner Jacquet et ses amis ; je serai encore obligé de requérir la peine de mort deux fois.

« — Comment ? requérir ? ce n'est pas le rôle d'un avocat.

— C'est la loi allemande.

— Et contre qui ?

— Il y a encore une instruction en cours.

— Et mon mari ?

— Votre mari, Madame, est coupable aussi comme Jacquet, et il sera aussi condamné à la peine de mort.

— Alors fusillez donc toute la population. »

De Prat et Godfroid risquent donc d'être condamnés à mort à bref délai. Nous avons lieu lieu de regretter une fois de plus de ne pas les avoir avec nous, ou près de nous, pour essayer de détourner les dangers communs.

Le 27, Vandenbosch « maintenu pour la sécurité des troupes allemandes et pour sa propre sécurité », nous est enlevé rapidement ; il part pour la prison civile et doit aller ensuite en Allemagne, comme prisonnier libre dans une ville.

Le 28, de bonne heure, Piquet est convoqué devant le Conseil de guerre de la " Dépêche ". Il revient vers midi, tout joyeux. Huchard avait été convoqué aussi et extrait de sa prison de l'hôpital. Tous deux sont condamnés à 3 mois de prison, la prévention entrant en ligne de compte. Y aurait-il adoucissement ? Cependant une nouvelle sème l'inquiétude chez quelques-uns : Meier et Schmidt seraient revenus à Lille. Les deux isolés du haut croient que c'est pour eux. Le non-lieu Dumont aspire à la délivrance.

Dans la soirée du 29, notre partie de bridge est interrompue brusquement : Heinrich vient libérer Piquet, à qui on fait grâce de son troisième mois de prison. Huchard sort le même jour de son hôpital-prison.

Puis ce furent quelques jours de calme dans notre chambrée, réduite à Van Heuverzwyn, condamné à quinze ans ; Boufflers, condamné à dix ans ; Dumont, non-lieu ; Forrest, Butez et moi, qui ne sommes pas encore jugés. En outre, nous avons toujours nos deux locataires, Delporte, ancien condamné à mort, gracié, et Goubet, en prévention.

Deux ou trois fois par semaine, je vais au rapport le matin et je demande ce qu'on va faire de nous au stellvertreter Schweizer. Celui-ci, toujours aimable et très correct, me déclare régulièrement : « Je n'y comprends rien ; je signale votre cas tous les dix jours. et je n'obtiens aucune réponse. » Vérité ou mensonge ?

On ne sait jamais avec ces bougres-là. Les journées s'allongent ; la carrée qui se vide s'assoupit dans la tristesse morne des êtres sans pensée et des choses sans relief.

Avec l'automne qui vient, le ciel qui se trouble, le soleil qui s'étiole, la vie en prison devient singulièrement monotone. Les lectures et les parties de bridge, les anecdotes de Forrest, les lamentations de Goubel, les inquiétudes de Dumont sont impuissantes à déchirer la lourde tunique de l'ennui qui nous étreint.

Notre alimentation est toujours assurée suffisamment par les colis du dehors et les achats à la cantine.

Nous avons un poêle qui ronfle et du charbon à volonté.

Les conditions matérielles de la vie sont supportables, mais nous voudrions bien voir la fin de cette existence incertaine. Quel que soit notre sort futur, nous aspirons à changer et à être enfin fixés.

Le 5 octobre, Forrest passe en Conseil de guerre et revient vers midi, très content ; le Conseil propose deux mois de prison et deux cents marks d'amende.

Le même jour, vers cinq heures du soir,

Émile Boufflers est emballé en cinq minutes ; il y a un départ pour la prison de Rheinbach.

Le lendemain matin, Dumont qui est allé au bureau pour réclamer, en redescend, fou de joie, avec son billet de libération. Quoique aucune sentinelle ne le bouscule, selon la coutume, il boucle son barda en trois minutes et disparaît avec une vélocité fantastique, comme s'il avait peur qu'on ne revienne sur la décision qui le libère.

Forrest reçoit la signification de son jugement : il est condamné à deux mois de prison et l'amende est portée à cinq cents marks ou trois mois de prison supplémentaires. Forrest refuse de payer l'amende, car il ne « veut pas donner d'argent aux boches ». Il va probablement être envoyé à Loos faire ses trois mois, les deux premiers étant comptés sur la prévention.

Nous apprenons le même soir que Baratte a quitté aussi aujourd'hui sa prison de la Charité avec un non-lieu et libéré définitivement.

Ainsi, nous demeurons à quatre de l'affaire Jacquet dans la chambrée N° 9 : Forrest, Butez, Van Heuverzwyn et moi ; et nos deux camarades Delporte et Goubel. De Prat et Godfroid

sont toujours au secret, soumis à de rares interrogatoires sans résultats.

Dans la nuit du 7 au 8, nous sommes réveillés
par l'invasion des cellules du premier. Pas
lourds et bruyants des soldats boches, allées et
venues fréquentes, aboiements gutturaux. On
amène un convoi de prisonniers. Le matin,
nous apprenons que c'est une bande de sept ou
huit jeunes gens, ramenés d'Anvers, où ils ont
été arrêtés récemment : Léon Trulin, Marcel
Gotti, Lucien Deswaf, Marcel Lemaire, André
Hermann, Marcel D..., Stassaens et une jeune
fille, ces deux derniers arrêtés à Lille, je crois.
Nous communiquons avec eux par la fenêtre du
fond, qui donne dans la cour de la maison
voisine.

Nous pouvons ainsi leur envoyer des avertissements utiles, des vivres et du tabac.

Cependant, Julien Van Heuverzwyn est paru
devant le Conseil de guerre de *La Dépêche*. Il y
est longuement retenu. Débats violents et contradictoires. Schmidt, qui a amené d'Anvers le
convoi de jeunes gens, est là comme témoin à
charge, et il dépose avec passion.

Julien nie avec une telle apparence de sincé-
rité que le Conseil de guerre décide de le ren-

voyer devant un autre Conseil, où seront convoqués les deux témoins à charge, toujours et vainement annoncés par Schmidt.

Le soir, pendant notre repas, Forrest, qui ne s'y attendait guère, est enlevé, non pour Loos, mais pour être libéré immédiatement. Il part tout navré de nous abandonner et compte bien venir nous rejoindre pour purger ses trois mois.

De Prat et Godfroid, avec qui nous communiquons difficilement, nous apprennent, dimanche après-midi, que l'instruction est abandonnée contre eux et qu'on leur a signifié le matin le non-lieu, avec détention dans la forteresse de Lille jusqu'à la fin de la guerre, « pour la sécurité des troupes allemandes et pour leur propre sécurité ». Pourquoi pas l'Allemagne, comme Vandenbosch? Je me demande à quelle sauce je vais être traité. Schmidt est venu rôder dans notre cour et m'a lancé un bien singulier regard.

De Prat et Godfroid sont conduits le 11 à la prison civile, où se trouve déjà Vandenbosch ; c'est la concentration pour l'Allemagne.

Le 12, Butez et Van Heuverzwyn sont appelés à *La Dépêche*. Ils en reviennent vers midi. Le

Conseil de guerre a proposé pour Butez deux mois de prison, à compter sur la prévention ; aussi s'attend-il à être libéré demain. Quant à Van Heuverzwyn, les quinze ans de travaux forcés sont maintenus. Les témoins à charge annoncés par Schmidt demeurent introuvables. Schmidt a reçu d'ailleurs une semonce du Président du Conseil de guerre à ce sujet.

Tous les jours, Schmidt traîne dans la Citadelle, tantôt affairé par les interrogatoires de Trulin et de ses camarades, tantôt errant dans les cours comme un chien en quête de gibier. Drôle d'individu !

Depuis quelques jours, le canon tonne plus proche et plus fréquent. Comme au début de septembre, à l'attaque de Loos-lez-Lens, les Boches s'agitent, inquiets. Les embusqués du bureau opèrent le triage de leurs trophées de guerre et emballent leurs souvenirs de campagne ; les autres font leur paquetage avec une fièvre joyeuse.

L'espoir, un espoir en quelque chose d'inconnu, en quelque miracle qui nous délivrera, brille dans les yeux des prisonniers trop souvent déçus. Les voix s'élèvent dans les cellules.

et malgré les cris des sentinelles, on entend fredonner des airs de victoire.

Nous avons depuis quelques jours un nouveau sous-officier au bureau de la prison. Le feldwebel Wissmauer, qui était une bonne brute et dont on obtenait tout ce qu'on voulait, est remplacé par une espèce de longue andouille enragée, qui ressemble physiquement au kronprinz, et qui paraît aussi inconscient et aussi brutal que son maître ; c'est l'unteroffizier Haeussinger. Ce sale individu aboie sans cesse, invente des complications, réduit la cantine, supprime le tabac et les couvertures, frappe même les prisonniers. Jé crois fort qu'il ne restera pas longtemps ici ; le stellvertreter Schweizer se débarassera au plus tôt de cette bête dangereuse pour sa quiète sinécure.

On a signifié le 13 les jugements de Butez et de Van Heuverzwyn : six mois de prison pour le premier, la prévention ne comptant pas ; et quinze ans de travaux forcés pour le second. Et cinq jours après, le 18, ils partent tous deux dans un convoi pour l'Allemagne, Butez pour la prison d'Aix-la-Chapelle, Van Heuverzwyn pour la prison de Rheinbach.

Avant leur départ, nous avons inscrit sur le

mur de la seconde pièce de notre chambrée la liste des bagnards d'Anvers, dans l'ordre des arrestations, avec les condamnations. Voici cette liste, telle que je l'ai rapportée à travers mes prisons ultérieures.

LES PRISONNIERS D'ANVERS.

ARRÊTÉS A ANVERS LE 9 JUILLET 1915 :

VERHULST Sylvère, Belge, condamné le 16 septembre, fusillé le 22 septembre 1915.

PIQUET Jean, condamné le 28 septembre à trois mois, libéré le 29 septembre.

HUCHARD Gaston, Sénégalais, condamné le 28 septembre à trois mois, libéré le 29 septembre.

BUTEZ Ismaël, condamné le 12 octobre à six mois, parti pour Aachen le 18 octobre.

Arrêtés à Lille le 10 juillet 1915 :

JACQUET Eugène, condamné le 16 septembre, fusillé le 22 septembre 1915.

BARDOU Paul, décision du 26 octobre, prison civile le 28.

BOUFFLERS Émile, condamné le 16 septembre à dix ans, parti pour Rheinbach le 5 octobre.

BARATTE Jean, non-lieu, libéré le 5 octobre.

Madame FOURMENTRAU, non-lieu, libérée le 25 septembre.

Arrêtés à Lille le 11 juillet 1915 :

MAERTENS Georges, condamné le 16 septembre, fusillé le 22 septembre 1915.

DELFOSSE Grégoire, acquitté le 17 septembre, libéré le 25.

Arrêté à Wattignies le 13 juillet 1915 :

DE PRAT René, non-lieu le 10 octobre, prison civile le 11 octobre 1915.

Arrêtés à Gand le 14 juillet 1915 :

DECONINCK Ernest, condamné le 27 septembre, fusillé le 22 septembre 1915.

FORREST William, anglais, condamné le 5 octobre à 2 mois et 500 marks, libéré le 6 octobre.

Arrêtés à Olsene le 14 juillet 1915 ;

LESCUYER Gaston, acquitté le 16 septembre, libéré le 25.

VESTENS Léon, Belge, aliéné, évadé.

Arrêté à Oostacker le 15 juillet 1915 :

VAN HEUVERZWYN Julien, conseil de

guerre le 16 septembre, le 8 octobre et
12 octobre, 15 ans, parti pour Rheinbach le
18 octobre 1915.

Arrêté à Canteleu le 16 juillet 1915 :
VANDENBOSCH Jean, acquitté le 17 septembre, prison civile le 27 septembre.

Arrêté à Hellemmes-Lille le 16 juillet 1915 :
LEFEBVRE Paul, acquitté le 17 septembre,
libéré le 25.

Arrêté à Lille le 18 juillet 1915 :
BOURRIEZ Ferdinand, acquitté le 17 septembre, libéré le 25 septembre 1915.

Arrêté à La Madeleine-lez-Lille
le 19 juillet 1915 :
DUMONT René, non-lieu, libéré le 6 octobre 1915.

Non conduits à Anvers :
Arrêté le 28 juillet 1915 :
GODFROID Narcisse, non-lieu, prison civile
le 11 octobre 1915.

Arrêtée à Lille le 26 juillet 1915 :
Madame Jeanne LECLERCQ-BOURGEOIS,

acquittée le 17 septembre, libérée le 25 septembre 1915.

Le 21, Delporte est enlevé à son tour, probablement pour un camp civil allemand.

La chambrée N° 9 ne contient plus que deux hôtes ; Goubel et moi. Ce qui fut l'hôtel Jacquet, animé et bruyant, avec sa clientèle abondante et variée, ce que Schmidt, qui s'y connaissait, comme larbin d'un grand hôtel égyptien, nommait « le Palace Hôtel pour villégiatures de luxe », ce qui fut l'honorable hôtel Dumont avec encore quelques bons et fidèles clients, n'est même plus une gargotte : il n'y a plus là que deux hommes qui s'obstinent à manger parfois, pour n'en pas perdre l'habitude.

Le garde-champêtre passe ses journées à se lamenter sur son triste sort, et ses nuits à pleurer. Goubel a été gendarme pendant trente ans, et voilà plus de dix ans qu'il est garde-champêtre à Lesquin. Ce qui le navre le plus, ce qui blesse le plus sa conscience indignée de représentant de l'ordre public, c'est d'être en prison, lui dont l'unique fonction sociale a toujours été de boucler les autres, c'est d'être en prison lui-même, Cela bouleverse ses idées et apparaît à son cerveau, cristallisé dans le système gendarmique, comme un cataclysme mondial.

« Si vous croyez tout de même que ce n'est pas malheureux d'être en prison, moi, un honnête homme, un ancien gendarme !

— C'est bien ton tour, vieux brigand. Tu as dans ta longue carrière assez emprisonné de pauvres bougres qui n'avaient pas fait grand' chose de mal, sinon rien.

— Mais je suis innocent, Monsieur Bardou.

— Raison de plus ! Et puis ne me dis pas ça. Raconte-le aux Boches si tu veux ; c'est toujours prudent ; mais, quand les Français rentreront, si tu leur sers cette blague-là, tu n'auras jamais le mérite agricole, mon vieux. »

Et j'essaie de secouer un peu ce pauvre camarade, qui pleure mélancoliquement sur son innocence méconnue et sur sa pipe inutilisée.

Je vais au rapport : Schweizer ne comprend pas plus que moi quelles sont les intentions du gouverneur à mon égard. Et je commence à m'ennuyer ferme, avec mon garde-champêtre larmoyant.

Je demeure le dernier de la bande Jacquet : tous sont partis, les uns libérés, d'autres éparpillés en diverses prisons, et quatre sont morts. Dans quel lot ai-je été oublié et qui vais-je aller rejoindre ?

Le 26 octobre, je suis appelé au bureau. Deux surprises m'y attendent : Ma femme et mes enfants sont là ! C'est la première fois depuis cent dix jours que je suis en prison, que ma femme a obtenu l'autorisation de me voir. En même temps, un soldat vient me chercher pour me conduire à la Mondiale ; et je pars avec ma famille. Une fois dehors, le brave Boche me dit :

« Prenez votre temps, promenez-vous tranquillement avec les vôtres. Je vous accompagnerai à distance jusqu'au square Jussieu, où je viendrai vous reprendre seul. »

C'est ainsi que je me suis trouvé un moment libre en ville avec les miens, ce qui a rempli d'une telle stupéfaction quelques Lillois rencontrés qu'ils n'osèrent pas même me saluer.

Au square Jussieu, je laisse les miens que je retrouverai à la sortie, et j'entre avec mon gardien à la Mondiale.

Là, Herr Brenner d'abord, le capitaine Himmel ensuite, me donnent connaissance de la décision du gouverneur Von Heinrich :

« Etant donné que M. Bardou est certainement coupable, mais qu'aucune preuve précise n'a pu être relevée contre lui ;

Etant donné ses relations anciennes avec M. Jacquet, dont il n'ignorait pas les agissements, auxquels même il a participé, à preuve l'évasion des deux jeunes médecins ;

Etant donné enfin que M. Jacquet a confié avant de mourir à M. Bardou un certain nombre de missions à remplir ;

M. Bardou sera détenu dans une ville allemande, à la disposition de la justice militaire pour supplément d'enquête, comme prisonnier libre, à titre d'officier médecin. »

J'ai demandé si je pourrais choisir la ville :

— Je ne sais pas.

— Je préférerais une ville universitaire : Bonn, par exemple.

— Non, trop près de la Hollande.

— Gœttingue ?

— Je dirai.

— Que signifie « freigefangene » ?

— Prisonnier, soumis à la signature quotidienne, libre dans la ville et les environs.

— Vous pourrez aller à la chasse, à la pêche, en excursion, ajoute Brenner ; vous serez très bien et vous pourrez travailler à la bibliothèque

et dans les laboratoires. Je vous recommanderai
à mes amis.

Et j'allai tout joyeux rejoindre ma famille.
Les deux soldats qui me reconduisaient, me
connaissaient. L'un d'eux ayant lu le bulletin
me concernant annonce à ma femme que je serai
ibéré demain. Cela m'étonne. En effet, ayant
relu le papier à la lueur d'un bec de gaz, ll
prend un air consterné en voyant qu'il avait
mal compris, et dit à l'autre en allemand : « ll
vaut mieux ne pas leur dire ; ils sont si heureux. » J'expliquai naturellement à ma femme
la situation. Cette conclusion nous suffisait pour
l'instant. Pour moi, c'était l'Allemagne bientôt,
mais l'Allemagne, c'était le classement de mon
affaire ; c'était l'enfouissement de mon dossier
dans quelque carton administratif ; et j'espérais bien avoir trouvé la délivrance avant qu'un
hasard n'en provoquât l'exhumation. Ma femme
et mes enfants étaient aussi joyeux que moi de
cette issue, que nous devions considérer comme
heureuse ; car nous avions craint pire, et il n'y
a pas si longtemps que j'étais encore sous le
coup d'une condamnation à mort.

Je n'ai pu parvenir le soir à tarir les flots de
larmes de ce brave garde-champêtre ; et cela

me fait de la peine de le quitter ; il s'est refusé
à prendre la moindre nourriture ; et mon sommeil est maintes fois troublé par ses pitoyables
sanglots.

XX

LA PRISON CIVILE

C'est seulement deux jours après, le 28 octobre, que je fus emmené. Goubel renaissait à l'espoir, quand Hans est venu me chercher. Je recommandai mon pauvre camarade aux bons soins de nos geôliers habituels.

En haut, au bureau, je trouvai ma femme et mes enfants qui avaient obtenu un laissez-passer pour venir me faire leurs adieux avant mon départ pour l'Allemagne. L'unteroffizier Häussinger interdit à ma famille de m'accompagner à la sortie, et la retint enfermée à la citadelle pendant une demi heure.

Conduit à la prison civile, au Palais de Justice, j'y retrouvai Vandenbosch, De Prat et Godfroid, et quelques condamnés à des peines diverses :

Dorlez, six mois pour délit de correspondance ; Karavatakis, chef de matériel à l'usine de Fives, six mois pour délit de correspondance ; un agent de police, qui avait trois mois pour je ne sais plus pour quoi ; Muylaert, sellier, détenu jusqu'à la fin de la guerre, pour avoir refusé de travailler pour les Allemands.

Mon arrivée consterna mes amis. L'avant-veille, Delaplanche, qui était arrivé là quelques semaines avant avait été expédié d'une façon brutale et inattendue pour un camp allemand. Ils conclurent de ma venue que nous allions partir dans un bref délai ; ce qui n'était pas pour m'effrayer, au contraire. Il était plutôt à croire qu'on allait nous garder ici quelque temps et que nous n'en partirions guère avant un mois, selon les principes de l'Administration allemande.

Les premiers jours, nous fûmes un peu campés. Puis le personnel français comprit qu'il pouvait se départir avec nous des habitudes professionnelles et qu'il ne risquait rien à nous accorder quelques commodités.

Le pavillon des condamnés à mort de droit commun fut mis à notre disposition : Vanden-bosch et Dorlez eurent une chambre au premier; De Prat et Muylaert, une autre ; Godfroid et moi nous occupâmes la grande salle du rez-de-chaussée, qui était la chambre des condamnés à mort ; nous succédions au dernier guillotiné, qui fut Favier. Et c'est d'un sommeil d'enfant, exempt de soucis, que nous y avons dormi dès la première nuit. N'étions-nous pas délivrés de la présence constante des gardiens boches ? Et quoique nous ayons fini par nous y accoutumer et par rencontrer chez ces gens une certaine sympathie, il semble que nous respirions plus librement, loin de leurs regards.

Là, notre vie ne tarda pas à s'organiser assez confortablement. Nous recevions les vivres du dehors ; nos amis y joignaient leurs meilleures bouteilles, déterrées à notre intention. Nos familles venaient nous voir officiellement tous les quatorze jours.

J'avais des livres et pouvais travailler.

Notre grande chambre servait de salle commune pour les repas et les parties de cartes. Nous avions une grande cour, où nous avions accès librement.

Des amis nous rendaient visite, sous des prétextes divers : le Docteur Taconnet, le Docteur

Dutilleul, l'inspecteur Minet, Barrois-Brame, conseiller général ; Mme Bécour, etc.

Nous avons passé là deux mois dans des conditions supportables. L'élément boche était représenté par l'unique visite hebdomadaire de Heinrich qui venait poliment s'enquérir de nos besoins, et dont la tenue convenable étonnait un peu nos gardiens français.

Goubel avait été envoyé aussi à la prison civile et logeait avec quelques autres condamnés par les Allemands dans le bâtiment voisin ; il ne tarda pas à s'insinuer chez nous et à passer ses journées dans la salle Favier où il fut préposé à l'entretien du feu, et promu au rang de vestale.

La quiétude était rentrée dans son cœur et dans son esprit ; et c'est avec sérénité que ce pauvre criminel, notre gendarme vestale, fumait sa pipe près du foyer.

Comme les peuples heureux, les vieux bagnards, adaptés à la vie incolore des geôles, n'ont pas d'histoire. Quelques incidents de peu d'importance ont cependant rompu la monotonie des jours.

Un dimanche après-midi, nous jouions aux cartes, la porte ouverte sur notre étroite cour égayée par le soleil d'automne. Tout-à-coup :

— Zinng..... zinng..... boum.....

Un obus, puis un deuxième. Les Anglais tirent sur la ville. Cinq ou six obus nous arrivent ainsi : l'un d'eux tombe dans la Basse-Deûle, derrière notre villa. C'est, paraît-il, une erreur de pointage. Ma femme, dont c'est le jour de visite, arrive en riant et me conte la panique des boches sur la Grand'Place, officiers et soldats, qui se sont terrés, pendant que les Lillois, en promenade familiale du dimanche, claquent des mains au milieu de la Place en criant : « Bravo ! Vivent les Anglais ! »

Néanmoins, un bruit, venu on ne sait d'où, nous donne à penser que les Anglais vont peut-être attaquer la ville. Le soir, nous demandons au gardien-chef français ce qu'il ferait de nous si les Anglais pénétraient en ville :

« Je vous garderai tant-que je n'aurais pas reçu d'ordre régulier et écrit.

— Et pourquoi ?

— Eh bien ! si les Allemands revenaient, c'est moi qui serais pris ; car je suis responsable de vous. »

Cette réponse, dictée par le sentiment du devoir administratif et la conscience des responsabilités factices, nous incite, Godfroid et moi, à préparer à tout hasard notre évasion pour le cas où les Anglais feraient une tentative sur Lille. Le vieux mur qui séparait notre cour de la rue des Prisons n'était guère solide. Je fis venir de chez moi une seringue de verre et de l'acide chlorhydrique, et je préparai le descellement d'une large baie dans ce mur, en lui administrant des injections acides et répétées. Ce fut un beau travail. Malheureusement, nous n'avons pas eu l'occasion de nous en servir, puisqu'aucune attaque ne fut poussée contre Lille ni à ce moment-là ni même depuis.

Au milieu de décembre, l'épidémie de fièvre typhoïde qui régnait en ville ayant pénétré chez les prisonniers de droit commun, la vaccination antityphique fut ordonnée par les Allemands. Cela nous procura la visite du Professeur Calmette.

Quelques jours après, le 26 décembre, l'autorité allemande, qui veillait avec sollicitude sur nos précieuses santés, nous faisait transporter à Loos en voiture cellulaire, malgré les véhémentes protestations de De Prat.

XXI

LOOS

Nous occupons, au troisième étage d'un grand bâtiment, l'infirmerie des gardiens. Huit chambres de deux lits, séparées par un couloir médian, qui aboutit à deux grandes pièces, constituent notre nouveau domicile. Nous sommes là : Vandenbosch et Dorlez, pour une chambre ; De Prat et Muylaert, pour une autre ; Godfroid et moi, pour une troisième ; le garde champêtre, qui ne veut plus se séparer de nous, vit seul.

Enfin, nous avons hérité, au hasard de nos changements, d'une femme, Eugénie M..., qui fut arrêtée à Anvers, condamnée à mort en Belgique, graciée et détenue jusqu'à la fin de la guerre. Eugénie a aussi sa chambre séparée.

La grande pièce terminale sert de salle

commune pour les repas, la vie journalière et les jeux. L'autre salle est laissée à la sentinelle boche, qui y somnole en veillant sur le feu.

Nous trouvons à Loos, plus accentuée, cette déformation professionnelle, qui fait que des gardiens de prison sont incapables de considérer autrement que comme des malfaiteurs les gens qui sont confiés à leurs soins. Dès notre arrivée, nous réclamons des couvertures, des chaises, etc. Le brigadier-chef ne paraissant pas disposé à nous accorder ce que nous demandons, nous convoquons le directeur de la prison. Celui-ci, M. Bloquet, condamné à mort par les Allemands pour avoir caché des armes, est parti en Allemagne, après commutation de sa peine en dix ans de prison. Il est remplacé par le contrôleur, M. Gay, qui se fait un peu prier pour venir nous voir. Nous avons avec lui une explication, d'abord polie et ferme, puis plutôt violente. Il se refuse à nous considérer autrement que comme des prisonniers de droit commun, soit par peur des Allemands, soit par amour du métier; il nous envoie quelques couvertures et le menu des détenus : lundi, pois; mardi, haricots; mercredi, lentilles; jeudi, pois; vendredi, haricots; samedi, lentilles;

dimanche, deux cents grammes de viande. M. Gay refuse de nous faire confectionner nos repas à la cantine des gardiens, moyennant finances. Le lendemain, à la visite médicale, j'ai le plaisir de voir arriver un de mes anciens camarades d'études, le Docteur Jacqmarcq, qui nous fait un certificat pour les vivres du dehors et va s'entendre avec un restaurateur de Loos pour nos repas du midi et du soir. Le Bureau allemand ne fait, naturellement, aucune difficulté.

A midi, Madame Auguste Potié nous a envoyé un dîner complet et soigné, un véritable festin ; et, le soir, le restaurateur de Loos commençait son service, au grand ahurissement du personnel français et pour la confusion de M. Gay, qui nous trouve le soir, soupant gaiement sous l'œil amusé de notre sentinelle. En outre. Georges Potié, maire de Loos, garnit notre cave. Notre existence matérielle est assurée et nous n'avons plus qu'à nous laisser vivre, de la vie ralentie des êtres enkystés, en attendant un prochain déplacement. Nous sommes ici en quarantaine médicale : nous sommes donc tranquilles pour quelque temps.

Le chef du service boche à la cellulaire est

notre vieux camarade de la Citadelle, le feld-wel Wissmauer. Les gardiens français demeurent stupides en voyant son amabilité à notre égard, qui contraste avec la brutalité qu'il affiche à leur adresse.

Malheureusement, nous ne pouvons plus voir nos familles ; mais nous parvenons à communiquer avec elles par divers procédés.

Des médecins allemands sont venus nous voir, sans nous soumettre à aucun examen. Je prends les températures matin et soir : elles sont normales, sauf certains jours de fête, où le bourgogne a tenu sa place.

Au 1ᵉʳ janvier, nous festoyions gaiement, quand un soldat allemand nous a apporté un joli paquet, enveloppé de papier de soie et ficelé d'une faveur rose.

— Chic ! encore un dessert !

— Qui est-ce qui nous envoie ça ?

C'était un lot d'assiettes à pâtisseries en carton ; elles contenaient au lieu d'éclairs ou de babas des étuis de bois renfermant des tubes de verre, et des instructions sur la manière de s'en servir. Ce matériel était destiné aux échantillons pour examen bactériologique. En vertu du règlement, nous sommes astreints à fournir trois ou quatre fois ces échantillons, au commandement et à heures fixes. Mais les lois de la nature ne s'accordent pas toujours avec les ordonnances allemandes : et l'on a vu l'un de nous obligé d'emprunter, contre reconnaissance de dette, à un collègue plus heureux, un peu de ce que la science boche exigeait de nous.

Nous vivons ici au front de bataille ; des tranchées allemandes sont creusées à 150 mètres de notre maison de campagne, au bout du jardin. Les ruines du fort d'Englos subissent de la part des Anglais un martellement incessant. Parfois un obus s'égare chez nous. Les nuits sont superbes, illuminées et bruyantes. Et cette action qui nous environne, dans un mois de janvier exceptionnellement doux et printanier, tout cela fleurit notre vie et nous tient dressés vers les grands espoirs.

Il y a un peu de zizanie dans la tribu.

De Prat a conservé la manie d'écrire. Déjà, à la prison civile, où nous étions, malgré notre apparente tranquillité, à la merci de déménagements rapides à la mode boche, de visites inopinées et de perquisitions, De Prat écrivait ses Mémoires. S'il n'avait risqué ainsi de ne compromettre que lui-même, nous ne nous en serions pas trop inquiétés. Mais. il se trouvait obligé de mettre en cause d'autres personnes comme Godfroid, qui avait passé à deux doigts de la mort et que le moindre indice aurait fait condamner, et d'autres encore en liberté et non soupçonnés jusqu'ici. Cet écrivain avait adopté deux thèmes :

Sa défense d'abord, dont les Allemands n'avaient plus que faire. puisqu'on lui avait délivré un non-lieu. Mais, se berçant du fol espoir d'être remis en liberté à Lille, il accumulait en des mémoires délayés les innombrables preuves de son innocence, sans souci de la vraisemblance et en accumulant des contradictions terribles qui auraient éveillé l'attention du moins averti.

Ensuite, son panégyrique, où il exaltait son héroïsme, où il étalait son dévouement. et où il s'attribuait des mérites dangereux et nombreux.

Nous avions dû déjà, à la prison civile, lui faire la guerre et lui montrer les dangers de ce genre d'opérations ; et nous l'avions décidé à supprimer ces papiers. A Loos, après quelques jours, quand il fut installé. convaincu toujours de sa libération prochaine, il recommença. Mieux ou pire, il écrivit à l'officier de la commandanture de Wattignies, une longue lettre pour protester de son innocence et obtenir sa mise en liberté. Cette lettre fourmillait de contradictions dans le texte même, et surtout était en désaccord avec ses dépositions antérieures. Le commandant de Wattignies, homme d'esprit, garda la lettre pour lui, fit une démarche à la commandanture de Lille et engagea De Prat à faire le mort. Nous lui avons, au cours de quelques séances orageuses, donné le même conseil.

La grande distraction de nos soirées est la compagnie d'Eugénie. Après l'avoir tenue un peu à l'écart, car nous ne la connaissions pas, nous avons pu nous rendre compte qu'elle n'était pas dangereuse. Nous ne lui avons naturellement rien confié de notre histoire. En revanche, elle nous a narré abondamment ses aventures. Elle nous tire les cartes le soir, et a acquis dans la fréquentation des tarots la conviction que nous ne partirons pas en Allemagne et que nous serons bientôt délivrés.

D'autres pensionnaires habitent au même étage, dans le bâtiment voisin, communiquant avec le nôtre. C'est Jollivet, ancien conseiller d'arrondissement, détenu jusqu'à la fin de la guerre. Il vient souvent passer quelques heures avec nous.

Dans l'infirmerie voisine, se meurt de la tuberculose un Allemand, Feldmann, qui était prisonnier de droit commun à Loos, avant la guerre. C'est lui qui a dénoncé le directeur Bloquet et le gardien-chef pour avoir caché des armes. Il est mort avant notre départ.

La nuit du 12 janvier 1916, vers trois heures et demie du matin, une explosion formidable ébranle l'immeuble, nous jette presque hors de nos lits et paraît un véritable tremblement de terre. Le soldat de garde qui chargeait le feu, selon la consigne que nous lui avions donnée, est précipité par-dessus avec sa pelle, son casque et son fusil ; il s'enfuit en poussant des cris de terreur.

Dans la matinée, Wissmauer vient nous dire que c'est un énorme dépôt de munitions qui a sauté, aux Dix-Huit Ponts, près de la Porte de Valenciennes, démolissant tout un quartier de la ville et faisant beaucoup de victimes dans la population civile. Il nous apprend en même temps d'un air mi-joyeux, mi-attristé, notre départ pour l'Allemagne le jour même ; joyeux, car il nous explique que c'est pour nous comme une délivrance, le camp étant préférable à là prison et l'éloignement nous garantissant contre un retour offensif des opérations judiciaires ; et attristé, car cet homme s'était attaché à nous.

Mais cela ne nous convenait pas du tout ce jour-là ; car nous voulions avoir des nouvelles de nos familles. Ma maison est située à quatre cents mètres du lieu de l'explosion.

A midi un contre-ordre de l'autorité médicale nous maintenait pour une quinzaine encore en observation ; et l'après-midi, un petit paquet me parvenait par les soins d'un Allemand, contenant une lettre de ma femme :

« Tout va bien ; tout est cassé dans la maison, qui est encore debout. Les enfants et moi, n'avons rien eu ; nous n'avons même, pas eu peur. Je fais des pansements depuis quatre heures du matin sans arrêter ; la pharmacie, le trottoir et le ruisseau sont pleins de sang. C'est épouvantable. Il y aurait douze cents maisons détruites, cent vingt morts français et six cents blessés.... »

Les familles de mes amis sont également sauves.

* *

Certains maintenant de partir dans un délai approximativement connu, nous faisons nos préparatifs, complétons nos trousseaux, élaguons les choses inutiles et faisons un choix judicieux des objets indispensables pour une détention que nous voulons réduire au minimum par n'importe quel moyen. Nous faisons venir de l'argent en marcks et en or, assez abondamment, pour parer à tous les évènements.

Et le 25 janvier vers midi, Wissmauer nous avertit que nous partirons cet après-midi.

Par suite d'une erreur inexplicable, dont nous profiterons plus tard, on nous emmène tous les sept, en laissant Eugénie, à la prison cellulaire. Là, nous sommes soumis aux diverses cérémonies d'écrou, fouillés, etc., et mis en cellule, par deux.

Le lendemain matin, on nous rendait toutes nos affaires, et nous jouissions d'une liberté relative. Wissmauer était navré ; il téléphonait sans cesse à Lille, et nous apprenait enfin que nous allions partir le même jour ; on nous mit tous ensemble, les quatre partants, Vandenbosch, De Prat, Godfroid et moi, dans un préau. Là, un de nos anciens gardiens, Oskar, vint nous dire :

« Je pars avec vous ; comme j'avais droit à ma permission, j'ai demandé à un ami du bureau de faire partie de votre convoi et j'ai déniché deux bons camarades qui vous connaissent et un gentil caporal. Je vais prévenir vos familles : vous pourrez les voir à la gare à cinq heures. »

Vers une heure de l'après-midi, notre escorte nous emmenait et faisait traîner nos bagages dans une voiture à bras par des gardiens, consternés d'un tel renversement des situations. M. Gay, stupéfait, se confondait en protestations d'amitié. Les boches montraient pour nous tant de complaisance et de cordialité qu'il se risquait lui-même à nous témoigner une sympathie de fraîche date.

Madame Auguste Potié, prévenue, nous guettait à la sortie et nous conduisit jusqu'au tramway spécial, qui nous emmena à la gare. Là, nos familles nous attendaient. Ce furent de longs adieux, dépourvus de tristesse, au grand étonnement des officiers allemands qui, seuls, se trouvaient dans la salle des Pas-Perdus. On eût dit quatre touristes partant faire un voyage d'agrément. Le départ de Lille, c'était à peu près sûrement le classement de notre affaire ; d'où, plus d'inquiétudes. Nous laissions les nôtres en bonne santé, avec un bon moral ; et nous avions l'intention ferme de ne pas moisir en Allemagne.

Nous allions, paraît-il, près de Paderborn. Je prévins ma femme que nos gardiens lui rapporteraient notre adresse exacte, que je lui écrirais le plus souvent possible et qu'elle ne soit pas étonnée si. dans trois ou quatre mois, elle n'avait plus de mes nouvelles ; que, dans ce cas, même si elle apprenait ma mort, elle attende un peu avant de verser sur ma tombe ignorée des larmes inutiles, car je ne serais probablement mort que pour les boches.

Je lui demandai de m'écrire légalement tous les mois et irrégulièrement le plus souvent possible, et de n'utiliser l'encre sympathique et le langage chiffré que dans des cas d'absolue nécessité.

Après ces recommandations ultimes, derniers embrassements et en route.

Malgré notre gaîté apparente, c'est pour nous un bien grave souci que de laisser nos familles entre les mains d'un ennemi sauvage, dans une ville forte, à quelques kilomètres d'un front qui somnole aujourd'hui, mais qui peut se réveiller demain.

Que leur réserve l'avenir, gros de toutes les souffrances, dr toutes les misères qui font cortège à la guerre maudite : privations, vexations, pillage, famine, maladie, bombardement, incendie, batailles des rues, etc.? Et nous courbons la tête sous le poids des calamités futures et inévitables.

XXII

LES CAMPS

Le caporal qui commandait notre escorte avait hâte de jouir de sa permission et de gratter sur le temps du voyage le plus de rabiot possible. Aussi a-t-il falsifié l'ordre de transport nous concernant et inscrit d'une plume audacieuse « Schnellzug ». A la faveur de cette addition, nous pouvons jouir de l'express Lille-Berlin, et nous voyageons dans d'excellentes conditions de confort et de rapidité, installés dans un compartiment à nous réservé, nos gardiens dans un autre, venant de temps en temps chacun leur tour causer avec nous, s'enquérant de nos besoins aux stations et allant nous y chercher des rafraîchissements. Une collation au buffet de Bruxelles, quelques demis à Herbestal et à Cologne, un dîner sérieux au buffet, interdit aux civils et aux simples soldats allemands. Notre caporal a répondu aux observations d'un officier :

« Service commandé; ordre supérieur. »

A Paderborn, à midi, après avoir déjeuné dans le local de la Croix-Rouge, nous devions aller à Sennelager en voiture; mais le Service médical, effarouché par notre lieu d'origine : « Infirmerie de Loos, » nous refuse la libre pratique et nous oblige à prendre le train.

A la station de Sennelager, le caporal réquisitionne un homme d'équipe pour porter nos bagages sur une brouette jusqu'au camp. Arrivé là, il prend congé de nous, après nous avoir recommandé au sous-officier de service et donné un pourboire à l'homme d'équipe. Oskar emportait notre adresse exacte pour nos familles. Nous avons su plus tard qu'il s'était acquitté de sa commission à son retour de Wiesbaden.

Après ce voyage d'agrément, la réception au camp fut singulièrement plus froide. C'était le 27 janvier, jour de la fête de l'empereur ; d'où, peu de personnel; impossible de s'occuper de nous ce soir ; on nous garderait au bureau jusqu'au lendemain matin. Placés d'abord sous une tente, en compagnie d'une quinzaine d'hommes arrivés le même jour, on nous loge ensuite dans le lavabo, où nous avons dû coucher sur le carreau, enroulés dans nos couvertures, devant nos valises rassemblées dans un coin.

Nous avons préalablement fait une légère collation, arrosée d'une bouteille de champagne, que Godfroid, qui l'avait emportée, proposa de boire le soir même, tant pour célébrer notre arrivée dans cet endroit inhospitalier que pour la soustraire à une confiscation certaine. Malgré l'incertitude de l'heure et l'énigme de demain, nous avons fait joyeusement honneur à cette digne épave.

Mais que venons-nous faire ici? Le caporal ne comprenait rien à l'ordre de transport pour cette destination; à son avis, nous ne devons pas rester là ; c'est le camp de triage, d'où nous serons expédiés vers nos résidences réelles.

Le lendemain, visite des bagages et fouille pour l'argent. Puis passage au bureau pour l'établissement de nos identités. Le caporal avait remis la veille au feldwebel Weiss une enveloppe contenant nos dossiers. Or cette enveloppe, par suite d'une erreur inexplicable, contenait les dossiers de treize détenus de droit commun de Loos qui, leurs peines civiles françaises achevées, étaient envoyés dans un camp civil comme indésirables. De cette erreur, nous n'avons pu savoir que ceci, au bout de quelques jours : nous devions partir de Loos le lundi 24 janvier 1916 pour le camp d'officiers de Gütersloh. A notre place, l'ordre ayant eté envoyé à la prison cellulaire, on expédia treize détenus libérables. Ceux-ci sont arrivés à Gütersloh sans leurs dossiers, peut-être avec les nôtres, mais ce n'est pas probable ; car, réclamés de Sennelager à Gütersloh et à Münster, nos dossiers ne furent jamais retrouvés. Divers indices me permettent de croire qu'un soldat polonais, avocat de Posen, que je connaissais, et qui travaillait aux bureaux de la police militaire, ne fut pas étranger à cette substitution ou à cette disparition, dont les conséquences heureuses pour nous ne nous apparurent que plus tard.

Les treize convicts, à peine débarqués à Gütersloh, dès qu'on eût reconnu leur qualité, furent mis à la prison du camp, expédiés à Sennelager, emprisonnés également et évacués sur Holzminden ; car le camp de Senne avait le chic pour se débarrasser des clients qui ne lui convenaient pas.

Pour nous, le feldwebel Weiss, vieil habitant de Bruxelles, se contenta de nos déclarations, que nous fîmes simples ; compromis par erreur dans une affaire grave, nous n'avions commis que des délits sans gravité et avions bénéficié d'un non-lieu. Pendant ces formalités, j'avisai un jeune médecin français en uniforme, un aide-major de seconde classe qui dirigeait le service de désinfection. Pendant que nous causions, vint à passer un médecin allemand, le médecin-chef du lazareth. L'aïde-major fit les présenta-tations. Après avoir causé un moment d'épidé-mies, de bactériologie, etc., le major allemand me dit ;

« J'ai lu votre nom dans « Centralblatt für Bakteriologie ». Vous allez vous ennuyer ici. Faites donc une demande au général ; je l'ap-puierai et vous serez envoyé au laboratoire de bactériologie militaire de Münster ; vous serez libre en ville, logé convenablement chez l'habi-tant et vous aurez un traitement raisónnable. »

Je lui répondis que je désirais auparavant installer mes compagnons dont la santé laissait à désirer et que, dans quelque temps, quand ils seraient acclimatés, je ferais volontiers cette demande.

Il était prudent de ne pas négliger ce filon ; Münster est proche de la frontière hollandaise ; mais il était nécessaire de réfléchir en commun pendant quelques jours.

Conduits ensuite au camp de Senne I, civils belges et français, après un stage au bureau pour établir nos fiches, prendre livraison de couvertures, etc., nous sommes menés par un jeune employé français qui nons dit :

« Vous allez être logés dans le kopfstube de Jacques Picard, un espion belge ; méfiez-vous ».

Un jeune homme très distingué, correctement vêtu, nous reçoit et nous offre l'hospitalité d'une façon charmante, nous installe des lits, en faisant déménager les occupants, et s'offre à nous initier à la vie pratique du camp. C'est le maître du lieu qu'il occupe avec deux autres bruxellois : Doutrepont, jeune homme timide à barbe blonde et X..., type singulier, vaseux, dégénéré, éreinté par une courte vie de grande noce. En outre, comme hôtes de passage dans cette chambre d'instruction, un Polonais, Jean de Tomsky, qui, venant de Gütersloh, retournait a Gembloux où il avait obtenu d'être renvoyé et Aloïs Baetz, Alsacien français de Bruxelles, qui venait d'arriver après trois mois de prison à Saint-Gilles.

Picard nous accable de prévenances, nous bourre de conseils où les boches ne sont pas ménagés, nous étourdit de ses histoires, de ses anecdotes, qui sont variées et spirituelles. Causeur remarquable, très instruit, ayant beaucoup voyagé, ce phénomène est au courant de toutes choses : il soutient brillament une discussion littéraire, philosophique ou artistique ; il connaît les dernières trouvailles de la chimie biologique et de l'embryologie comparée, les théories les plus récentes de la mécanique céleste et de la physique du globe, de la constitution de la matière et des modalités de l'énergie. Son histoire, ou plutôt le roman qu'il nous contè, est fantastique : fils du directeur des chemins de fer belges, neveu d'un gros industriel du Nord de la France, marié, sa femme prisonnière en Poméranie, père d'un petit enfant demeuré chez ses parents à Bruxelles, compromis dans l'affaire de Miss Cavell, interné faute de preuves après quatre-vingt-dix jours de cellule à Saint-Gilles. Il a fait, à l'en croire, des études très variées ; trois ans au Polytechnicum de Zurich, deux ans de médecine à Paris, deux ans de droit, et surtout la noce. Il a voyagé à travers toute l'Europe, l'Amérique du Sud, etc. La réalité est tout autre ; mais il n'y a pas lieu de la dévoiler ici.

Nous avons retrouvé à Senne l'ingénieur Delaplanche, de Lille, qui, arrêté le 3 juillet 1915, nous a précédés ; il dirige un atelier de menuiserie où l'on fabrique des lits en bois à deux étages ; nous sommes les premiers servis.

Au camp militaire voisin de Senne III, se trouvent de nombreux Lillois, prisonniers depuis Maubeuge ; mon voisin Auguste Ray, prisonnier d'avant Maubeuge, nous envoie des provisions de ses réserves.

L'administration du camp est commandée par le lieutenant Weinen, un petit jeune homme très sec, très poseur, très sévère. Il était féroce l'an dernier et avait inventé divers modes de tortures qui ne sont plus employés : l'exposition au soleil, pieds nus, debout sur le toit goudronné des baraques ; la pelote avec vingt kilogs de briques ; le saut de l'Yser, large ruisseau d'eau sale qui creuse dans le sable du camp son lit capricieux. Le personnel, Choléra, Fil-de-fer, Bouffe, sont dignes du maître Tous les jours, nous allons réclamer au bureau contre l'erreur dont nous sommes victimes. Sauf De Prat, qui ne peut supporter la promiscuité des camps et est indigné qu'on lui manque d'égards, nous ne tenons pas du tout à aller à Gütersloh, dont Jean de Tomsky ne nous dit pas grand bien ; mais nous savons qu'avec les boches on doit toujours protester. Un incident, créé par un vol de colis où l'auteur. Picard, a essayé de nous mêler, détermine notre envoi immédiat au camp de Senne III, au Waldlager, camp militaire contenant environ sept mille. soldats et sous-officiers français. belges et anglais. dont près de six mille en commando.

Là, nous sommes installés d'abord dans le kofpstube de la baraque A, puis dans l'Endstube de la baraque F, du côté de la forêt, à l'abri des indiscrétions et fort tranquilles. Nous menons une existence peisible : Vandenbosch, Godfroid, De Prat, Baetz, notre ordonnance Gaston Coussemant, de Lille, et moi. De Prat, toujours amoureux de la solitude et de la vie séparée, ne tarde pas à se faire admettre au lazareth et prépare dans le silence de ses profondes médi- tations son rapatriement à Lille, ou son envoi en France, et à défaut son transfert à Gütersloh,.

malgré les dangers probables de cette dernière combinaison.

L'existence est assurée par des achats à la cantine, aux Anglais qui sont toujours bien pourvus, et par nos colis de France qui commencent à arriver.

Le Gouvernement français a appris que nous avions faim ; il arrive en effet qu'on pense à nous en France. Cela se traduit par un échange de vues entre politiciens ignares et bureaucrates fossiles et l'envoi par le canal d'une nation neutre d'une honnête proposition. Dès que cette proposition est parvenue aux autorités allemandes, de nouveaux règlements sont édictés pour l'application de la nouvelle mesure. Hélas ! trois fois hélas ! la mesure s'endort en France dans un carton vert. C'est ainsi que le Gouvernement français a décidé les envois collectifs de pain aux prisonniers des camps ; les envois individuels seront supprimés. Les Allemands méticuleux, sans d'ailleurs aucune méchanceté, confisquent ces derniers, quatre mois avant l'arrivée du premier wagon officiel.

Et soir et matin, nous faisons en commun notre prière ; et cette prière est singulière :

« Mon Dieu, conservez-nous la santé et le

sourire. Ne vous occupez pas des boches, nos gardiens : on s'en charge. Mais faites que les Français nous oublient ! Préservez-nous, mon Dieu, des intentions charitables de nos gouvernants et de la philanthropie bureaucratique ! Contre ces entreprises, contre ces offensives de bienfaisance, nous ne pouvons rien, hélas ! Mon Dieu, préservez-nous de nos amis !

O France ! nous t'aimons, tu le sais. Mais f....-nous la paix ! »

Pour nous, abonnés à des œuvres suisses, nous recevons régulièrement nos pains biscuités. De France, parents et amis nous envoient de bons petits colis, garnis de conserves, de chocolat, de café, de tabac et de plats tout préparés qui nous permettent d'organiser des banquets.

Le dimanche, nous offrons à dîner aux sous-officiers lillois du camp ; et c'est plaisir de voir notre ordonnance Gaston passer derrière les convives, une serviette sur le bras et servir les vins : « Blanc ?... rouge...? »

Plus tard : « Bordeaux ?... Bourgogne ?... ».

Plus tard encore : « Château Margaux ?..... Pommard ?...»

Enfin : « Senne extra dry, cuvée réservée ».

Et c'est toujours de l'eau du camp, de la même eau qui d'ailleurs est délicieuse, mais l'évocation de nos vieux vins de France nous fait chaud au cœur et nous monte à la tête ; et nous finissons par un concert assez bruyant, et nous chantons la *Marseillaise* à pleine voix.

Comme distractions, des lectures ; la bibliothèque du camp contient quelques livres intéressants ; le théâtre, une fois ou deux par semaine, avec un bon orchestre.

Malgré tout, ce n'est pas gai, ce camp.

Clairière artificielle taillée dans une forêt sans oiseaux et sans fleurs ; au-dessus de nos têtes, un cercle de ciel gris dans une ceinture de sapins noirs. Le cafard règne intense ; des camarades meurent dans la torpeur universelle : les autres continuent à ne pas vivre. Il n'y a guère de différence entre les vivants et les morts. Et les jours s'ajoutent aux jours, sortis du mystère de demain pour plonger dans le néant de la veille, tous si semblables entre eux que rien ne les distingue plus les uns des autres, qu'ils perdent leur individualité, qu'ils se confondent en une éternité terne et immobile, la mort du temps dans la mort des choses. Des vols de corbeaux noirs innombrables marquent seuls les matins et les soirs, nuages sinistres et croassants.

———

XXIII

VERS LA LIBERTÉ

A la porte de notre chambrée, nous avons posé une affiche illustrée : c'est un cafard, grimaçant, horrible et mille-pattes.

« Ici, il y a des pièges à cafards. »

Et nous soignons les neurasthénies. Les boches du bureau eux-mêmes nous envoient les malades. Ceux-ci font chez nous une cure de rire et s'en vont améliorés, sinon guéris ; car le cafard est un parasite tenace et résistant. Baetz, ancien zouave, possède un choix d'histoires merveilleuses et salées, et la continence dans laquelle nous végétons permet quelques excès de langage qui dilatent les rates et chassent les humeurs noires. Les potins du camp, les farces aux boches, la lecture et les commentaires des absurdes et sympathiques journaux français, qui nous parviennent avec trois semaines de retard dans des colis truqués, nous aident à vaincre la morne tristesse des heures.

Grande nouvelle ! La Commission médicale suisse va passer bientôt ; et c'est comme une immense floraison d'espoirs chez tous, malades et bien portants ; c'est comme une vision de la Terre promise, d'un Chanaan de rêve vers quoi se tendent tous les désirs. C'est vrai : j'ai vu le major boche : archange annonciateur, il m'a confirmé la nouvelle pour le milieu de mars. Malgré sa laideur germaine, il m'est apparu beau comme le Dieu du Jour, semant à pleines mains les illusions fécondes.

Nous connaissons le programme des vingt cas d'internement ; on n'entend que discussions paramédicales, et les combinaisons simulatrices les plus saugrenues prennent naissance.

J'ai ouvert un cabinet de consultations pour fausses maladies ; et j'y ferais fortune si j'acceptais la moindre obole. J'apprends aux camarades à mettre en valeur les vestiges des maladies anciennes et les traces de tares.

Mes amis Vandenbosch, Godfroid et Baetz ne veulent pas se présenter cette fois-ci, car ils

craignent un échec. Je ne me suis pas fait inscrire non plus, et je n'ai pas passé la première
visite allemande à la « Revier ». Il faut des raisons puissantes pour me démontrer la nécessité que l'un de nous communique au plus tôt
avec la France et que c'est moi qui ai le plus
de chances avec l'appui du médecin boche, pour
me décider le jour même de la visite à m'y
présenter. Examiné sérieusement par un médecin suisse, je suis accepté en première
épreuve pour bronchite chronique et emphysème. Aucun obstacle administratif ne s'oppose
à mon départ. C'est là que nous nous sommes
aperçus combien nous étaient favorables et l'erreur initiale dans notre déportation et la disparition mystérieuse de nos dossiers.

Sans impatience et sans enthousiasme, je
passe à Sennelager les dernières semaines. La
douce perspective d'émigrer en Suisse est
étouffée par le véritable chagrin que j'éprouve
à la pensée de quitter mes bons compagnons.

Le 14 avril, je pars avec huit civils et sept
sous-officiers pour Würzbourg, où a lieu la
seconde visite pour les « grenz fälle », les cas douteux. De Prat et les gagnants du lazareth, car
cette visite n'est qu'une loterie, vont à Cons-

tance comme cas graves. La séparation est pénible, et c'est avec une émotion réelle que j'abandonne mes amis dans le triste camp de Senne. Seul, l'espoir de les attirer bientôt à ma suite me soutient.

Après un voyage de nuit assez fatigant et par un temps assez froid, nous parvenons à Würzbourg, une des plus jolies villes de Bavière, en une idéale journée de printemps. Le camp de Galgenberg est installé sur un plateau tout nu, très éventé. Les baraques sont plus confortables qu'à Senne, plus propres et mieux éclairées de jour et de nuit. La baraque I est occupée par les cas douteux de plusieurs camps militaires de Westphalie : Friedrichsfeld, Minden, Münster, Sennelager I, II et III, etc.

La discipline est douce, la nourriture très mangeable. Le système D. permet des fantaisies singulières.

Le rationnement Hellferich n'est pas encore appliqué à la Bavière ; on trouve en ville de la viande et du vin. Nous avons les journaux français de l'avant-veille. Il y a un bon théâtre, un journal du camp fort spirituel ; l'exercice de la photographie est absolument libre.

Toutefois, ce camp est triste ; il y règne un cafard si intense que j'assiste en quinze jours à plusieurs suicides dans mon bataillon.

Sur le plateau aride, il n'y a ni un arbre, ni un oiseau, ni une maison. Au bout du camp, comme un mirage provenant d'un autre monde, on a une vue superbe sur la vallée du Main, sur la ville, que domine son château avec ses tours et ses clochetons.

Visite médicale le 27 avril : je suis examiné par une grosse légume médicale boche. un long et maigre colonel.

« Doktor Bardou ?

— Ia, herr Doktor.

— Vous êtes malade ?

— Bronchite chronique, emphysème.

— Ach ? »

Examen rapide.

« S. 4.

— Pardon. major ; cela veut dire ?

— Vous allez en Suisse, donc.

— Ah ! merci. »

A la fin de la visite, le même bourru personnage est venu avec le professeur K... causer fort aimablement avec moi : j'en profite pour essayer de repêcher le sergent P..., qui a été refusé, quoique tuberculeux avéré.

« Je sais, me répond le professeur K... ; mais pas moyen : les Suisses n'en veulent pas. »

Certains médecins suisses, en effet, évitent les malades graves, car la mort de ces derniers en Suisse pourrait jeter du discrédit sur l'excellence du climat.

Le 1ᵉʳ mai, la série VII, destinée à l'Oberland bernois, est embarquée. Je pars avec mes bagages en camion ; j'emporte avec moi dans un vaste panier d'osier, comme souvenir de mon séjour au camp de Galgenberg, le sergent français Louis Lefebvre, du 72ᵉ de ligne, vivant et en uniforme, muni de provisions concentrées pour une trentaine d'heures de voyage. Et nous allons joyeux vers l'inconnu ; un inconnu rosé et souriant ; nous ne savons pas du tout dans quelles conditions est organisé l'internement ; mais, quelles qu'elles soient, nous sommes certains que notre existence sera infiniment plus agréable : plus de gardiens boches, plus d'aboiements sauvages, plus de fils de fer barbelés, plus de réseau électrifié, plus de vexations, plus de corbeaux ; et de l'air, de la lumière, de la vie, des aliments honorables et peut-être la liberté ou son reflet.

Longue nuit d'insomnie, traversée d'inquiétudes et d'espoirs ! Ne craint-on pas, malgré les assurances réitérées des hommes de l'escorte, une nouvelle visite médicale à Constance et le refus toujours possible ?

Des histoires circulent de convois venus à Constance et rebroussés vers d'autres camps, où les malheureux pourrissent encore ? Pourvu, une fois de plus, qu'en ce moment même le Gouvernement français nous oublie !

Le soleil se lève sur de jolies plaines, répandant la divine espérance dans le convoi.

A Offenbourg ; arrêt : pendant notre déjeuner, sur une autre voie, stationne un train de soldats français, auxquels nous adressons des saluts joyeux ; mais eux ne répondent pas ; ce sont des recalés de Constance, les pauvres bougres. A nouveau, l'anxiété s'empare des âmes simples.

Heureuse diversion ! Nous traversons les gorges du Trieberg : tous ces hommes, la plupart nés dans la plaine flamande ou sur les plateaux de l'Artois, sont empoignés par la beauté du paysage : les lacis de la voie dans la montagne ; les échappées sur les vallées profondes, parmi les cerisiers en fleurs ; les chalets suspendus à mi-côte où somnolant au bord du torrent ; l'eau ruisselant des neiges encore accrochées au flanc des rocs comme de blanches draperies.

Parmi les pâturages où naît le Danube, nous redescendons vers la vallée.

« Je ne comprends pas, dit l'un de nous, frappé de la simple beauté du pays, comment des hommes qui ont vécu dans ce paradis ont pu devenir les sauvages bourreaux de la Belgique et de la France du Nord ? »

Le train fuit lentement vers l'Est, à fleur d'eau : marais, étang ou lac aux ondes grisâtres, zébrées de flèches rouges ; cette eau grise, c'est le lac de Constance, ici peu profond, avec ses îles de roseaux et de phragmites et ses rives bordées de peupliers ; il semble quelque étang picard endormi. Le soleil, à son déclin, dore les faces des malades extasiés et tremblants.

***

Le train s'arrête en gare. Sur le quai, des officiers suisses et allemands échangent cérémo-

nieusement des phrases banales, administra-
tives et protocolaires. Sur la voie en face, un
train sanitaire suisse repose :

« C'est pour nous, ce train-là ?

— Oui, oui, vous partez à neuf heures, »
répond un soldat suisse.

Il n'est que cinq heures du soir. Que va-t-il
se passer de cinq à neuf ? Beaucoup craignent
encore une visite médicale, loterie où ils ont
déjà gagné deux ou trois fois un bon numéro,
et la peur les prend que la veine tourne.

La fouille policière inquiète aussi la plupart
des voyageurs. Car tous ont essayé, malgré les
interdictions et les avertissements, de cacher
quelque chose : l'un tâte d'une main dissimulée
la doublure mystérieuse où il a inséré des notes
d'une valeur relative ; tel autre assure au fond
de ses souliers l'adhérence de quelques louis
dûment collés.

Je tâche de tranquilliser mes compagnons ;
je sais qu'il n'y a plus de visite médicale pour
nous ; nous sommes définitivement acceptés. Je
sais aussi qu'il n'y a plus de fouille policière ;
le feldwebel espion du camp de Würzbourg me
l'avait affirmé ; je ne l'avais pas cru, mais la

feuille de transport porte que cette fouille complète a été faite au départ du camp.

On nous apporte à manger quelque chose de convenable. Est-ce à cause de la présence des Suisses ?

Mais les bagages ? On les décharge en ce moment. Deux petites femmes d'équipe tentent péniblement de soulever une énorme caisse de bois, grossièrement conditionnée. Deux vieux soldats du landsturm les remplacent et, soupçonneux, laissent tomber de coin ce coffre sur l'asphalte. Les planches s'écartent ; un long, maigre bonhomme en sort en se déroulant, et debout dans les débris de son cercueil, adresse à tous un sourire, une bouteille vide à la main. C'est un sergent du 2ᵐᵉ bataillon de Galgenberg. D'un coup de baïonnette, un boche fait sauter le couvercle de mon panier ; mon brave petit ami, le sergent Lefebvre, est pris à son tour, rouge, congestionné, furieux d'avoir ainsi raté sa cinquième évasion. Des sentinelles lardent de coups de baïonnette les gros colis ; un capitaine suisse s'interpose énergiquement. Et les deux malheureux héros sont conduits avec égards à l'infirmerie, au milieu des rires sympathiques et de l'étonnement amusé de tous, Allemands et

Suisses, civils et militaires. Convenablement soignés, massés et restaurés, ils ont été remis en route pour Würzbourg avec notre escorte qui rentrait. Quinze jours plus tard, au cours d'une promenade à Oberhofen, sur le lac de Thun, j'ai appris la fin de l'aventure. Le sergent Lefebvre et un autre camarade ont quitté le 7 mai le même camp de Galgenberg, par le même procédé, dans des paniers semblables, par le même train, avec le reste de la série VII; mais, cette fois, plus malins, ils ont sauté du train en cours de route, à l'endroit de la ligne qui borde le territoire suisse, près de la corne nord-ouest du lac de Constance ; et ce sont deux paniers vides qui seuls parvinrent à la gare-frontière. Et cela prouve une fois de plus l'incommensurable bêtise des boches, leur suffisance orgueilleuse et leur simplicité.

Nous partons enfin. Sur le quai, un vieux général, étranglé dans son uniforme, se met au garde à vous et salue automatiquement les victimes qui s'échappent.

Des cris : « Vive la France ! »

Nous sommes à peine sortis de la gare ; et plusieurs croient que ce sont des Allemands qui se moquent de nous.

Massés le long de la voie, des deux côtés, des familles nombreuses : vieillards, femmes, hommes mûrs, jeunes filles joyeuses, enfants riant dans leurs boucles blondes, agitent frénétiquement des mouchoirs, des drapeaux français. Plus loin, dans les pâturages, dans les jardins, parmi les pommiers en fleurs, aux balcons des chalets bruns qui se perdent dans la brume du soir, des bras gesticulent.

Alors, dans le train, dans ce train de rêve qui nous affranchit, tous se lèvent, malades et estropiés, toutes ces guenilles humaines. qui naguère sombraient dans la nuit du désespoir, se ruent aux portières, dansant et pleurant de joie : « Vive la Suisse ! »

* *
*

De Prat est parvenu aussi en Suisse au début de mai 1916, avec Delaplanche, en passant par Constance. Tous deux sont internés à Spiez. Delaplanche a été rapatrié en octobre, après avoir réussi à falsifier ses papiers et à se vieillir de quelques années.

De Prat, interné plus tard à Lausanne, n'a pu se faire rapatrier qu'en juillet 1917.

La Mission médicale suisse de juin a emporté des certificats médicaux concernant Vandenbosch, Godfroid et Baetz, qui sont tous trois arrivés en Suisse, à Boudry, fin juillet. L'astuce de Godfroid lui a permis de faire sauter au bureau du camp les traces de nos dossiers et de changer les millésimes de leurs naissances sur les fiches de la cartothèque, et de se vieillir ainsi ; ils sont entrés en Suisse, âgés de près de cinquante-cinq ans, âge du rapatriement obligatoire. Aussi, au début d'août, nous conduisions Vandenbosch à la frontière d'Annemasse ; au début de septembre, Godfroid ; et au début d'octobre, j'accompagnais Baetz et Delaplanche, qui rentraient en France.

Mon rôle à ce sujet était fini ; je n'avais plus rien à faire en Suisse pour mes amis ; d'autre part, il m'était devenu difficile d'y demeurer utilement pour poursuivre d'autres œuvres. J'avais demandé à profiter de l'article 10 de la Convention de Genève, qui assimile au personnel sanitaire militaire le personnel sanitaire des Sociétés de secours aux blessés dûment reconnues.

Les convois sanitaires venus d'Allemagne en octobre, à l'un desquels je devais être joint, ont été interrompus après le septième par suite d'une fausse manœuvre des autorités françaises. J'étais heureusement considéré comme indésirable. De hautes personnalités suisses parvinrent à se débarrasser de moi, pour ma grande satisfaction, en me faisant rapatrier individuellement, comme oublié dans l'un des convois précédents, et je quittai la Suisse hospitalière le 7 novembre 1916, par ordre du baron von Hindenburg, de l'ambassade allemande de Berne.

Ma femme fut rapatriée le 13 décembre, avec ma fille et ma nièce; et, grâce à de faux papiers et un déguisement soigné, mon fils, âgé de plus de quinze ans et demi, rentra en même temps en France, comme nièce, en jouant encore une bonne farce aux policiers boches. Il était temps, car le Gouvernement allemand, à la suite de nouvelles arrestations à Lille, m'a fait réclamer au gouvernement suisse en janvier 1917, à l'effet probablement de me poser quelques questions indiscrètes sur les événements de 1915.

Quant aux autres inculpés de l'affaire Jacquet, voici ce qu'ils sont devenus :

Le Boulba, Robert Bourriez et Carpentier

se sont évadés successivement du camp d'Holzminden au printemps 1917.

Richard, demeuré avec les Allemands, servit
longtemps d'indicateur ; il a fait aussi de la
prison à Rheinbach ; rentré après l'amnistie, il
a été arrêté à Vannes, et attend, à la prison de
la Citadelle de Lille, les suites de l'enquête
menée sur ses agissements.

Cloots est mort en prison en Allemagne ;

Les deux guides d'Anvers ont été rapatriés
à l'armistice, ainsi que Meeusen et Bonner.

Marchand est demeuré à Lille.

Piquet, libéré à Lille, a été arrêté à nouveau,
avec Mesdames Planque et le lieutenant René
Wibaux, en septembre 1918, pour avoir contri-
bué à cacher des soldats anglais. Emmené à
Bruxelles, il a été libéré à l'amnistie.

Huchard est resté à Lille.

Butez a purgé ses six mois de prison à Trèves
et a été envoyé ensuite au camp d'Holzminden,
d'où il s'est évadé, en 1917, pour repartir au
1er d'infanterie coloniale.

Madame Fourmentrau a été rapatriée, en
France libre, fin 1917.

Boufflers a fait un long séjour à la prison
de Rheinbach, puis à celle de Cottbus, et enfin au

camp de Soltau ; il a été libéré en janvier 1919.

Delfosse, Baratte, Forrest, Lescuyer, Bourriez et Dumont sont demeurés en pays occupé.

Vestens, évadé de l'Asile d'Esquermes pendant notre procès, a vécu caché à Bruxelles et à Anvers jusqu'à la fin de la guerre.

Van Heuverzwyn a fait une partie de sa peine à la prison de Rheinbach, puis à celle de Munster. A l'armistice, il a été envoyé au camp de Munster, puis rapatrié par les gardes rouges au pont de Kehl.

Lefebvre, demeuré à Lille, a été plus tard déporté comme otage dans un camp de Pologne.

Enfin, Madame Jeanne Leclercq a été rapatriée en France libre en 1917.

XXIV

L'ASSASSIN

C'était le 11 juillet 1915. Il était près de cinq heures du soir.

Les promeneurs du dimanche s'empressaient de regagner leurs demeures, car la circulation était alors interdite entre cinq heures du soir et sept heures du matin.

Au milieu de la chaussée, nous défilions hâtivement entre deux rangs de baïonnettes. Des policiers civils et militaires refoulaient au delà des bas côtés les passants attardés.

Sur le bord du trottoir, à l'angle de la rue Lepelletier, une haute silhouette se dressait : en grande tenue, chamarrée de décorations. Son Excellence, le général Von Heinrich, attendait, entouré de ses officiers d'ordonnance.

Le bourreau assistait au départ des victimes choisies que la Commandanture d'Anvers lui enlevait. Redressant encore sa haute taille, le général Von Heinrich, un éclair de dépit dans le regard, joignit les talons et salua ceux qui allaient mourir.

Non te salutant morituri !

Ceux qui vont mourir ne te saluent pas, assassin !

Sanglé dans un uniforme d'un chic simple, il est grand, gros, solide, un bloc de graisse armée d'ossements massifs.

Un double menton goitreux soutient de son vaste repli la face large où s'entr'ouvre en fente étroite une bouche sans lèvres, où apparaissent à fleur de chair deux petits yeux morts, lucarnes muettes sur le vide d'un cerveau ; un nez droit à peine détaché de la masse, suivant sans courbe le plan du front ; des oreilles larges et plates, plaquées comme les anses rapportées d'une potiche ; un cou épais, un crâne carré aux cheveux rares et blancs.

La face est vulgaire, l'œil sans reflet.

J'analyse sans aucun parti-pris, sans aucune idée préconçue, cette figure amorphe, envahie par de la graisse pâle. On aurait beau jeu à la comparer à une hure de cochon à l'engrais. Ce serait trop facile et d'une inutile grossièreté.

Cet homme fut l'élève docile d'une école militaire, où il a appris sans difficulté les notions simples de la mathématique professionnelle et digéré sans douleur les lourds traités de l'art militaire germain.

Puis il a réussi, grâce à son titre, à gravir avec régularité les échelons de la hiérarchie. On dit qu'il est fort bien en cour : cet être bouffi d'orgueil aurait pour son maitre des complaisances de valet.

A aucun moment de sa vie. cet homme n'a fait preuve d'intelligence. Sa face molle ne porte point les rides que l'esprit grave d'un lent travail sur la figure des penseurs. Dans son regard éteint, on chercherait vainement le moindre souvenir de flammes anciennes qu'aucune pensée n'alluma jamais.

Von Heinrich fut parmi les Allemands de son temps un médiocre, et il l'est demeuré.

On raconte qu'il a maintenant des passions séniles et qu'il se livre à une débauche raffinée. Ce n'est guère probable : ce bloc sans esprit ne peut avoir de cœur. si bas qu'on le situe.

Il est la brute inconsciente et paisible qui continue à paître les herbages de sa caste et à ruminer sans effort les graminées du domaine racial.

Et, dans ses yeux atones, à notre passage, la lueur qui semble briller par instants n'est que la trace de la colère fruste du bœuf qu'on ramène à l'étable, devant qu'il ait achevé de remplir sa caillette.

Non te salutant morituri !

Ceux qui vont mourir ne te saluent pas, assassin ! Et ceux qui ne sont pas morts t'accusent !

Von Heinrich est le véritable assassin de nos quatre amis.

Il avait conservé le souvenir cuisant de l'injure faite à son autorité par l'aviateur anglais Mapplebeck, qui avait eu l'audace de séjourner à Lille près d'un mois et de s'en évader ensuite, et qui plus tard s'était abominablement moqué de lui. Il avait juré de tirer ce cet affront une vengeance sanglante.

Un jour, un lâche est tombé par hasard entre les mains de policiers d'Anvers ambitieux. Ces policiers ont cru trouver dans ses révélations banales l'occasion d'un gros procès d'espionnage, d'où ils pourraient tirer honneur et profit.

Nouvelle blessure à l'amour-propre du gouverneur de Lille. Sa police, cette police brutale dont il était si fier, n'avait rien trouvé encore, malgré les nombreuses dénonciations qu'elle avait reçues. Deux policiers de fortune, d'une Commandanture rivale, dépourvus de flair et de méthode, avaient cueilli sans difficulté les victimes qu'il cherchait.

Von Heinrich usa alors de son crédit à Berlin pour que les coupables lui fussent rendus. Et, pour l'œuvre de mort qu'il voulait accomplir, il trouva sans peine des serviteurs complaisants, Si Béhrend, maître justicier, a payé de sa raison ses velléités d'indépendance, Dresen, plus docile, a accepté la corvée et a rempli ses fonctions avec une joie méchante et le plus parfait mépris pour la Justice.

Des officiers choisis avec soin ont constitué ce singulier Conseil de guerre, où les lois les plus élémentaires furent odieusement transgressées. Ils ont obéi aux ordres du bourreau avec le respect de la discipline, qui est naturel dans cette race sans ressort.

Les condamnations furent obtenues malgré l'absence de preuves formelles, malgré les émouvantes plaidoiries des avocats d'office et grâce à des irrégularités graves :

1° L'officier-rapporteur, Dresen, chargé de l'instruction, a siégé dans le Conseil de guerre des 16 et 17 septembre 1915 ;

2° La fille du principal inculpé, Geneviève Jacquet, a été contrainte d'assister au procès comme témoin à charge ;

3° La déposition de Richard, base de l'accusation, a été lue dans le texte allemand, et la traduction française n'en a pas été communiquée aux inculpés.

Ce sont des cas de cassation du jugement.

Mais Von Heinrich craignait encore de voir au dernier moment ses victimes lui échapper. Afin d'éviter une grâce toujours possible, il n'autorisa la signature du recours en grâce que le 21, la veille de l'exécution, en faisant avertir les condamnés que dans tous les cas la justice suivrait son cours. Peut-être savait-il que le prince Rupprecht de Bavière était parti pour Berlin arracher à l'empereur la grâce de nos amis ?

Quinze heures environ après la signification

du jugement et la signature des recours en grâce, Jacquet, Maertens, Deconinck et Verhulst étaient fusillés.

La volonté de Von Heinrich a tout dirigé.

Von Heinrich est coupable du meurtre de nos quatre amis.

Que deviennent les comparses devant cette puissante figure d'assassin ?

Que dire d'un Behrend, dont la conscience timorée n'a pas su résister à l'épreuve ?

Que penser d'un larbin arrogant comme Dresen, qui, lui, n'a pas hésité à commettre les fautes juridiques les plus graves pour satisfaire son maître ?

Et les dix serviteurs, bottés et casqués ? des soldats ? cette valetaille ! des machines à obéir.

Et les policiers maladroits et suffisants, grotesques dans leur brutalité systématique, qui ont d'ailleurs sauvé la vie de quelques-uns d'entre nous, non par humanité, mais simplement par dépit.

Que dire même de cette pâle figure de voyou, ce Richard, un Français, hélas ! d'abord écrasé par une peur maladive, puis ébloui par des promesses mensongères, enfin pourri lui-même par l'orgueil de la race ennemie, essayant, dans sa faiblesse intellectuelle, d'atteindre les sommets d'une gloire factice?

Seule, demeure la silhouette sinistre du bourreau de Lille, le général Von Heinrich, le vrai, l'unique coupable, celui à qui nous devons demander compte du meurtre de nos amis.

XXV

VENGEANCE ?

Dans cette soirée tragique du 21 septembre
1915, quand nos amis nous firent leurs adieux,
Maertens nous a engagé à continuer l'œuvre
commencée, Deconinck nous a crié sa foi en la
victoire, Verhulst a célébré la noblesse du travail réparateur.

Jacquet a dit ces paroles sublimes :

« Et voici que l'heure sonne où la bonté
prend sa revanche... Il n'y a pas au monde de
plus belle loi que la loi de pardon... »

Que faire ?

Devons-nous venger nos morts ou pardonner
comme ils nous l'ont demandé à l'heure
suprême ?

Il nous est facile, à nous les vivants, de pardonner à ceux qui nous ont fait du mal. Car nous voyons la fin de cette horrible guerre ; nous trouvons, dans les convulsions de ce qui fut l'empire allemand, le juste châtiment pour les mauvais bergers ; et nous voulons espérer que la grandeur de leur chute les mènera sur la route du repentir.

Nous voulons espérer aussi que de justes réparations seront accordées aux familles des victimes.

Devons-nous venger nos morts ? La vengeance appelle la vengeance.

Devons nous alors désespérer de l'avenir de l'humanité ?

Ou faut-il croire que les dures leçons des événements actuels donneront des fruits moins amers ?

Devons-nous semer les rudes graines de la haine, ces chardons qui comprometteut les moissons de l'avenir ?

Devons-nous au contraire cultiver avec amour les fleurs de la pitié et du pardon ?

Que faire ?

Et c'sst là tout le problème de la vie en société, depuis qu'il y a des hommes sur la terre.

-La haine est stérile.
Seul, l'amour est fécond.
Aimez-vous les uns les autres.
Mais les hommes sont-ils capables d'aimer ?

Paul BARDOU.

Avril 1919, Lille.

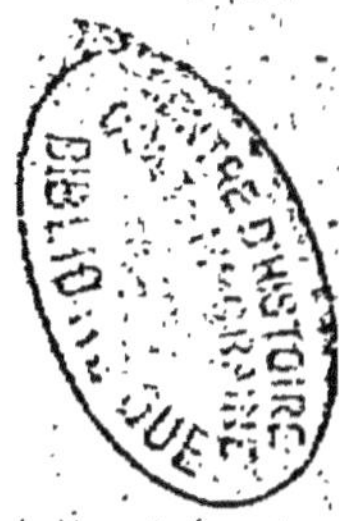

TABLE

A. BOUQUET

Imprimeur

26, rue Sadi Carnot, 26

Aix-les-Bains